# Sexuelle Obsessionen

Die Darstellung der Geschlechterverhältnisse in
ausgewählten Dramen von Goethe bis Büchner

von

Katrin Heyer

Tectum Verlag
Marburg 2005

**Heyer, Katrin:**
Sexuelle Obsessionen.
Die Darstellung der Geschlechterverhältnisse in ausgewählten Dramen von
Goethe bis Büchner.
/ von Katrin Heyer
- Marburg : Tectum Verlag, 2005
ISBN 3-8288-8886-0

© Tectum Verlag

Tectum Verlag
Marburg 2005

*Inhaltsverzeichnis*

1. Vorbemerkung ................................................................... 7
2. Der Begriff der sexuellen Obsession .................................... 9
3. Grundlagen: Die Männer- und Frauenrolle im
   ausgehenden 18. Jahrhundert ............................................ 14
   3.1 Tugend und eheliche Geburt ................................................ 19
   3.2 Die „Gefallenen" .................................................................. 22
4. Kindsmord ........................................................................ 24
   4.1 Kindsmord im 18. Jahrhundert: soziale Folgen und Rechtsprechung 24
   4.2 Der Fall Susanna Margaretha Brandt ..................................... 27
5. Heinrich Leopold Wagner: „Die Kindermörderin" ............. 33
   5.1 Des Lieutenants Gelüste ....................................................... 34
   5.2 Verführung oder Vergewaltigung ........................................... 40
   5.3 Geschlechterrollenverständnis im Drama .............................. 45
   5.4 Die Übermacht des Patriarchats ............................................ 51
6. Jakob Michael Reinhold Lenz: „Die Soldaten" .................. 52
   6.1 Das Frauenbild der Offiziere ................................................. 53
   6.2 Sexuelle Obsession und Triebbefriedigung ............................ 57
   6.3 „Soldatenmensch": Marie als Objekt ..................................... 62
   6.4 Die Frau als Ware ................................................................. 66
7. Georg Büchner: „Woyzeck" .............................................. 70
   7.1 Leben am Rande der Gesellschaft .......................................... 70
   7.2 Maries Untreue ..................................................................... 74
   7.3 Eifersucht und Besitzanspruch .............................................. 75
   7.4 Woyzecks sexuelle Obsession ............................................... 77
8. Die Umkehrung der Geschlechterverhältnisse oder die Rolle
   der Machtweiber .............................................................. 80
9. Die Frau als Bedrohung: Adelheid von Walldorf ............... 85
   9.1 Femme fatale, Medea, Dämonin, „Zauberin" , Machtweib:
   zur Charakterisierung von Adelheid von Walldorf .................. 89
   9.2 Der Nutzen der Schönheit: Weislingens und Franz' sexuelle
   Obsession ............................................................................ 93
10. Schlussbemerkung ......................................................... 99
11. Literaturverzeichnis ...................................................... 101

# 1. Vorbemerkung

Die Frau auf dem Druck ist schön und sinnlich. Man weiß es auf den ersten Blick. Ihre Augen verfolgen den Betrachter, lassen ihn nicht los. Ihr Mund hat einen spöttischen und zugleich koketten Zug. Ihr langes, dichtes Haar fällt wallend über ihre Schultern. Sie ist eingebettet in Blumen, und fast scheint es, als wäre sie auch nur eine Blüte in diesem Blumenmeer. Von ihren Augen fasziniert und in Besitz genommen, übersieht man leicht, was sie zur Seite gekehrt in den Händen hält. Erst jetzt wird man der Gefahr, die von der Schönen ausgeht, gewahr. Einen Apfel hält sie in der Hand. Wie Eva lockt sie einen dem Betrachter verborgenen Mann, verbotene Früchte zu genießen. Mit ihrer Schönheit verführt sie ihn, und mit der Speerspitze in der anderen Hand bringt sie ihn zu Fall. Weibliche Sinnlichkeit ist gefährlich.

Aber, wenn man diese Venus betrachtet, stellen sich folgende Fragen: Ist es Männern zu verdenken, dass sie Frauen, ähnlich dieser, besitzen wollen? Ist es dagegen Frauen vorzuwerfen, wenn sie ihre sinnliche Ausstrahlung nutzen, um Männer zu beherrschen? Vom moralischen Standpunkt muss man solche Verhaltensweisen kritisieren und ablehnen. Allerdings, die Versuchung ist groß. Auf Seiten beider Geschlechter.

Im folgenden Verlauf dieser Arbeit sollen literarische Beispiele vorgestellt werden, in denen Männerfiguren, aber auch eine Frauenfigur, dieser Versuchung nicht widerstehen können. Die Männerfiguren geben sich Trieben und Affekten hin, die die Objekte ihrer Begierde ins Unglück stürzen. Unschuldig oder auch durch eigene Schuld enden die Spiele um Macht und Besitz in der Katastrophe.

Anhand von Wagners „Die Kindermörderin", Lenz' „Die Soldaten", Büchners „Woyzeck" und Goethes „Götz von Berlichingen" soll hier ein Einblick in das Verhältnis von Verführung und Gewalt gegeben werden. Die Darstellung der Geschlechterrollen zeigen historisch und literarisch ein Bild von Herr und Magd und sind somit wichtige Grundlage der gesamten Interpretation, denn die spezifischen Männer- und Frauenbilder bestimmen moralische Verhaltensnormen wie Tugend und Reinheit.

An diesen vier Werken soll gezeigt werden, dass Männer ihren Trieben, sexuellen Obsessionen erliegen, während die Frauen gemäß ihrer ihnen zugedachten Geschlechtsrolle Opfer sind. Bis auf eine: Adelheid von Walldorf. Obwohl es nicht der Chronologie entspricht, wird Goethes „Götz von Berlichingen" erst zum Ende der Arbeit behandelt. Die Figur der Adelheid von Walldorf ist zu exponiert, um sie der gefallenen Unschuld voranzustellen. Der Figurencharakter der Adelheid ist außergewöhnlich im Vergleich mit den anderen Frauenfiguren. Da sie die Geschlechterverhältnisse geschickt ausnutzt, wird sie nicht an den Anfang der Reihe der ausgenutzten Frauenfiguren gesetzt. Sie ist die Verführerin, die ihre Sinnlichkeit ausnutzt, um ihre persönlichen Ziele zu erreichen. Sie ist kein Opfer, weder freiwillig noch aus Willkür. Sie ist Täterin. Sie hat Macht über die Männer. Aber schlussendlich scheitert auch sie.

Was macht Adelheid so gefährlich? Warum sind die anderen Frauenfiguren Opfer? Wie sind Geschlechterverhältnisse, Männer- und Frauenrollen in den einzelnen Dramen dargestellt? Können sich einzelne Frauenfiguren aus ihren Geschlechterrollen lösen? Was sind die Konsequenzen von Konventionsbrüchen? Wie hängen Sexualität und Gewalt zusammen? Hauptsächlich diesen Fragen soll im Folgenden nachgegangen werden, indem eingangs ein Einblick in die historischen Gegebenheiten des 18. Jahrhunderts, das soziale Leben, die Rechtsprechung und das Moralverständnis gegeben wird. Schließlich werden diese Grundlagen auch bei der Interpretation der Dramen zur Beantwortung der Fragen einfließen.

## 2. Der Begriff der sexuellen Obsession

Da es sich nicht um eine psychologische Arbeit handelt, werden die Ansätze Freuds sowie alle anderen psychologischen und psychotherapeutischen Theorien nur am Rande erwähnt.

Schlägt man ein Lexikon wie den „Brockhaus" auf, findet man unter dem Stichwort Obsession immer wieder den Begriff Zwang.[1] Im „Lexikon der Psychologie" lautet die Erklärung folgendermaßen:

> „**Zwang** ist in psychol. Hinsicht ein *innerer* oder durch ungewöhnliche *äußere* Umstände provozierter Bedürfniszustand eines Individuums, den dieses glaubt, nicht aufschieben oder länger ertragen zu können".[2]

Der Zwang zu gewissen Handlungen, die zwanghaften Vorstellungen entspringen, ist also zentraler Bestandteil. Das kann sich sogar bis zum Mord als 'Liebesbeweis' steigern.[3]

Der Macht- und Besitzanspruch, der einer Obsession entspringt, wird schon deutlich, wenn man nur den lateinischen Ursprung des Wortes betrachtet. Obsidere bedeutet „belagern, bedrängen"[4] und auch „das Besetztsein".[5] Richtet sich die Obsession eines Menschen nun gegen ein sexuelles Objekt, sind die Folgen verheerend. In den hier behandelten Dramen sind die Objekte Frauen.

Diese Erläuterungen sind als Grundlagen zu verstehen und sollen auch nicht weiter vertieft werden, da es sich, wie gesagt, nicht um eine psychologische Arbeit handelt. Der Begriff der sexuellen Obsession wird deshalb auch etwas modifiziert. Die unreflektierte und oft unkontrollierte sexuelle Triebabfuhr wird im Rahmen diese Arbeit verstärkt in den Mittelpunkt gerückt.

Die Literatur soll das Verständnis des Begriffs verdeutlichen. Zwei Dramen werden als Beispiele angeführt: Gotthold Ephraim Lessings „Emilia Galotti" und Friedrich Schillers „Kabale und Liebe". Hettore Gonzaga und Ferdinand von Walter zeigen ihre Besessenheit von

---

1  Vgl. *Der große Brockhaus*. Band 13. 1971. S. 647.
2  *Lexikon der Psychologie*. Hrsg. von Wilhelm Arnold u.a. Band 3. Herder. Freiburg. 1980. S. 2597.
3  Vgl. Freud, Sigmund: *Vorlesungen zur Einführung in die Psychoanalyse*. Internationaler Psychoanalytischer Verlag. Wien. 1922. S. 360.
4  *Der große Brockhaus*. S. 647.
5  *Meyers Enzyklopädisches Lexikon*. Band 17. 1976. S. 544.

ihrem Objekt der Begierde überdeutlich. Es bietet sich also an, diese Beispiele zu wählen.

Hettore Gonzaga ist von der Begegnung mit Emilia noch immer wie von Sinnen.[6] Völlig außer Fassung und ohne die Möglichkeit, in seine Rolle zurück zu finden, kommentiert Hettore den Bericht Marinellis über die Hochzeit Emilias noch am Abend desselben Tages: „So bin ich verloren! - So will ich nicht leben".[7] Mit diesem Satz zeigt Gozaga deutlich, wie überwältigt er von seinen Gefühlen ist. Die Möglichkeit, sich selbst zu helfen, sieht er nicht, und so fleht er Marinelli an:

> „O, ich komme von Sinnen! Und ich soll Ihnen noch lange erzählen? - Sie sehen mich einen Raub der Wellen: was fragen Sie viel, wie ich es geworden? Retten Sie mich, wenn Sie können: und fragen Sie dann".[8]

Er ist seinen Emotionen hilflos ausgeliefert, und den Höhepunkt dieses Zustandes bildet der folgende Satz, der Gonzaga zusätzlich charakterisiert: „Liebster, bester Marinelli, denken Sie für mich".[9] Mit dieser fatalen Aussage verzichtet der Prinz auf eine eigenständige Entscheidung und auf autonomes Denken zugleich, was einige Zeilen später zu der Generalvollmacht für Marinelli führt, die Appiani schließlich das Leben kostet.[10] Außerdem verdeutlicht dieser Satz die unüberwindbare Diskrepanz von Herz und Kopf, also von Gefühl und Verstand.

> „Wenn der Prinz im Moment leidenschaftlicher Erregung die ihm gegebenen Möglichkeiten, sein Schicksal autonom zu steuern, freiwillig an den Kammerherrn abtritt, so signalisiert das auch, daß er unfähig bleibt, Emotion und Verstand ins Gleichgewicht zu bringen".[11]

Hettore Gonzaga ist ein Verführer, aber er ist auch herrschender Fürst, der alle Gewalten in seiner Person vereinigt.[12] Der Prinz ist

---

6     Vgl. Lessing, Gotthold Ephraim: *Emilia Galotti*. Deutscher Taschenbuch Verlag. München. 1997. S. 9ff.
7     Ebd., S. 27.
8     Ebd., S. 29.
9     Ebd., S. 30.
10    Vgl. ebd., S. 30 und 3. Aufzug.
11    Alt, Peter-André: *Tragödie der Aufklärung. Eine Einführung.* Tübingen; Basel. Franke. 1994. S. 261.
12    Vgl. ebd., S. 264f.

nicht fähig, seiner politischen Rolle gerecht zu werden[13], da er seine Obsession, seine Fixiertheit, seinen sexuellen Besitzanspruch, den er an Emilia stellt, nicht mehr kontrollieren kann. Eben diese Besessenheit ist sein Fehler. Er reflektiert seine Aussagen und Taten nicht; denkt nicht an die möglichen Konsequenzen, sondern nur an das, was er besitzen will.[14] Christiane Brown erfasst das Spektrum seines Charakters in all seinen Einzelheiten:

> „He is impetuous like a spoilt child in his instant despair at the thought of having lost Emilia forever, in his sudden anger at Marinelli, when he is thwarted, in his impatient decision to seek out Emilia in church, in his naive onrush of guilt when he begs her forgiveness, in his total preoccupation with his current obsession. He must have his will and he will have his toy, no matter what the consequences. His responses are uncontrolled, his reactions irrational, his feelings spontaneous. He never reflects until it is too late, as in the final catastrophe".[15]

Die Gedanken, Emotionen und sexuellen Triebe sind ausschließlich auf Emilia fixiert. Er will sie um jeden Preis besitzen. Nicht anders steht es um Ferdinand von Walter. Das einzige, was auch ihn bestimmt, ist die Besessenheit, die sexuelle Obsession von einer Frau.

Ferdinand fällt blind auf die fadenscheinige Intrige seines Vaters und des Sekretärs Wurm herein.[16] Auch dass Luise die Grenzen des Standes für unumstößlich und bindend hält, ist für den eifersüchtigen und besitzergreifenden Ferdinand ein Indiz, dass sie einen anderen Liebhaber hat und darum nicht mit ihm fliehen will.[17]

Hettore ist ebenfalls ‚blind' und vertraut Marinellis Intrigenkunst nicht, außerdem treibt ihn seine Ungeduld und Leidenschaft in die Kirche, wo er Emilia aufsucht.[18] Beide Figuren sind beherrscht von

---

13  Vgl. Fick, Monika: *Lessing Handbuch: Leben - Werk - Wirkung*. Stuttgart; Weimar; Metzler. 2000. S. 342.

14  Vgl. Lessing, G. E.: *Emilia Galotti*. S. 20 und S. 30f; sowie Brown, Christiane: *Der widerwärtige Mißbrauch der Macht or Die Verwandlung der Leidenschaften in tugendhafte Fertigkeiten in Lessings Emilia Galotti*. In: R. E. Schade (Hrsg.): Lessing Yearbook 17. München. 1985. S. 30.

15  Brown, Christiane: *Der widerwärtig Mißbrauch der Macht*. S. 30.

16  Vgl. Schiller, Friedrich: *Kabale und Liebe*. Reclam. Stuttgart. 1993. S. 57-72.

17  Vgl. ebd., S. 58-61.

18  Vgl. Lessing, G. E.: *Emilia Galotti*. S. 30-76.

ihren Leidenschaften und beide verbinden ihre standesgebundene Macht mit diesen Leidenschaften.

Der Besitzanspruch, den beide Figuren an die jeweils angebeteten Frauen richten, ist sich ähnlich, obwohl er bei Ferdinand noch ausgeprägter erscheint, da die Liebe dort ja auch auf Gegenliebe stößt. Hettore äußert seinen Anspruch zunächst nur an das Bild von Emilia, aber er möchte diesen Anspruch auch bei Emilia geltend machen:

> „Dich hab' ich für jeden Preis noch zu wohlfeil. – Ah! schönes Werk der Kunst, ist es wahr, daß ich dich besitze? – Wer dich auch besäße, schönres Meisterstück der Natur! – Was Sie dafür wollen, ehrliche Mutter! Was du willst, alter Murrkopf! Fodre nur! Fodert nur! – Am liebsten kauft' ich dich, Zauberinn[19], von dir selbst".[20]

Hettore ist fixiert und fasziniert zugleich. Auch klingt hier bereits an, dass er bereit ist, jeden Preis zu zahlen, um Emilia nahe zu kommen.

Der Besitzanspruch von Ferdinand ist viel ausgeprägter als der von Gonzaga. Außerdem spricht Ferdinand seiner Luise die eigene Meinung ab, wenn sie seine eigene gefährdet oder nicht damit übereinstimmt. „Du bist meine Luise. Wer sagt dir, daß du noch etwas sein solltest"[21], fragt er erstaunt, als Luise die Grenzen der Stände anerkennt, während Ferdinand darin einen anderen Liebhaber erkennen will. So kann ihn nichts von Luise fern halten: *„Mein* bist du, und wärfen Höll' und Himmel sich zwischen uns"[22], nicht einmal Gott ist im Stande dazu. Als er schließlich auf die Intrige seines Vaters hereingefallen ist, lässt sich erkennen, wie sehr er von Luise Besitz ergriffen hat und wie wenig er noch fähig ist, vernünftig zu handeln. Er erhebt sogar Anspruch darauf, Luise richten zu dürfen:

> „Verloren! Ja, Unglückselige! – Ich bin es. Du bist es auch. Ja, bei dem großen Gott! Wenn ich verloren bin, bist du es auch!

---

19 Hier muss knapp darauf hingewiesen werden, dass Emilia in keinster Weise mit der Zauberin Adelheid verglichen werden kann. Hettore glaubt sich von Emilia verzaubert, aber diese ist sich ihrer Wirkung nur als Bedrohung der eigenen Sittlichkeit bewusst. Adelheid dagegen lenkt die Lüster der Männer gezielt, spiel damit. Sinnlichkeit ist für sie nicht Bedrohung, sondern Kapital. Siehe dazu Kap. 9f.
20 Lessing, G. E.: Emilia Galotti. S. 20
21 Schiller, Friedrich: *Kabale und Liebe*. S. 14.
22 Ebd., S. 41.

> Richter der Welt! Fodre sie mir nicht ab. Das Mädchen ist mein. [...] Laß mir das Mädchen. – Richter der Welt! Dort winseln Millionen Seelen nach dir – Dorthin kehre das Aug' deines Erbarmens – Mich laß allein machen, Richter der Welt! [...] Das Mädchen ist mein! Ich einst ihr Gott, jetzt ihr Teufel! [...] Eine Ewigkeit mit ihr auf ein Rad der Verdammnis geflochten [...] Und jetzt zu wiederholen meine Zärtlichkeiten, und jetzt ihr vorzusingen ihre Schwüre – Gott! Gott! Die Vermählung ist fürchterlich – aber ewig".[23]

Ferdinand und Hettore instrumentalisieren sich zum Machthaber über das Schicksal der Frauen, die sie angeblich lieben. Beide machen Rechte geltend, wo sie keine besitzen. Aber die deutlichste Parallele zwischen Gonzaga und Ferdinand ist die Tatsache, dass beide die Verantwortung für den Tod von Dritten tragen.

> „Ferdinands ‚hamartia' liegt in seiner ungebremsten Emotionalität begründet, die ihn am Ende zum Mörder werden läßt, zum Mitschuldigen, der zwar durch seinen Vater ins Unglück gestürzt worden ist, aber selbst nicht frei von Verantwortung bleibt".[24]

Auch Hettore lässt sich von seiner Besessenheit von Emilia hinreißen. Rationales Handeln ist für ihn nicht mehr möglich, und so trägt auch er Mitschuld am Tod von Appiani und Emilia[25], ebenso wie dies für Ferdinand gilt. Ferdinand und Hettore verbindet ihr affektives Verhalten. Sie reflektieren ihre Äußerungen nicht, sie reagieren direkt, wobei sie die Konsequenzen ihres Handelns nicht abschätzen, bis es schließlich zu spät ist.[26] Hettore hat die Anlagen zur Reflektionslosigkeit, zur Affektivität, zum Besitzdenken, und Ferdinand vereint alle diese Eigenschaften in ausgeprägter Form.

In dieser Arbeit wird also die sexuelle Obsession als extremer Besitzanspruch an ein begehrtes Objekt – die Frauenfiguren sind in diesem Zusammenhang niemals als Subjekt vorhanden –, als sexuelle Fixiertheit, als Triebverhalten und als Zwangsvorstellung mit Verlustangst[27] verstanden.

---

23  Ebd., S. 73.
24  Alt, Peter-André: *Tragödie der Aufklärung*. S. 287.
25  Lessing, G. E.: *Emilia Galotti*. S. 30-76.
26  Vgl. ebd., S. 30 und Schiller, Friedrich: *Kabale und Liebe*. S. 68-73, 100ff.
27  Vgl. *Der große Brockhaus*. S. 647 und *Meyers Enzyklopädisches Lexikon*. S. 544.

## 3. Grundlagen: Die Männer- und Frauenrolle im ausgehenden 18. Jahrhundert

Männer und Frauen sind verschieden. Das ist eine biologische Tatsache, aber es ist auch ein sozial konstruiertes Problem. Besonders gravierend erscheint uns im Rückblick die Konstruktion der Geschlechterverhältnisse in vergangenen Jahrhunderten. Die Nachwehen dieser Trennung von männlichen und weiblichen Eigenschaften spüren wir heute noch. Allerdings bieten sich Frauen heute etwas bessere Möglichkeiten, dem Leben als Gattin, Mutter und Hausfrau zu entrinnen. In früheren Jahrhunderten war das nahezu unmöglich. Die Frau war dem Mann untergeordnet. Sie unterstand dem Ehemann, dem Vater, dem Bruder oder einem gesetzlichen männlichen Vormund, der das Haus nach außen vertrat, Geschäfte abschloss und sonstige offizielle Außenkontakte erledigte.[28] Da der Hausherr auch rechtmäßiger Besitzer seiner Frau, Familie, des Gesindes und aller beweglichen Güter war, waren die Frau, aber auch Familie und Gesinde ihm Gehorsam schuldig.[29] Als Herr im Hause war der Patriarch auch für das sittliche und moralische Leben unter seinem Dach verantwortlich. Er hatte ein christliches Haus zu führen und alle Verfehlungen, wie ungebührliches und zänkisches Verhalten oder eine uneheliche Schwangerschaft, bedrohten und zerstörten seine Ehre als Mann und Hausherr.[30]

> „Das Versagen der Herrschaft des Hausherrn, ja der interne Ungehorsam von Frau und Kindern, wurde nun nicht mehr als innerhäuslicher Konflikt gerügt, sondern als Verstoß gegen die göttliche Ordnung bestraft. Dadurch entstand eine Übermacht des Hausherrn [...]. Es wurde daher schwerer, sich gegen den autoritären Ehemann bzw. den Vater durchzusetzen [...]".[31]

Brutale Ehemänner, die ihre Frauen geschlagen haben, wurden zum Beispiel mit dem Gasthausverbot bestraft.[32] Das Gasthaus war der Ort für Männer. Es war eine eigene Gesellschaft, wo die Männer ihre sozialen Kontakte pflegten. Das klingt aus heutiger Sicht lächerlich

---

28 Vgl. Dülmen, Richard van: *Kultur und Alltag in der Frühen Neuzeit*. Band 1. München. Beck. 1999. S. 38ff.
29 Vgl. ebd., S. 38ff.
30 Vgl. ebd., S. 41.
31 Ebd., S. 41f.
32 Ebd. S. 54.

und unangemessen. Allerdings gibt es auch Berichte über Frauen, die ihren Ehemännern auf den Leib rückten. Wenn ein Mann sich von seiner Ehefrau schlagen ließ, galt er als entehrt, und man deckte ihm als Zeichen seiner Schande zum Beispiel das Dach ab.[33] Die übermäßige Brutalität des Gatten war auch eine der wenigen Möglichkeiten, bei der die Ehefrau eine Scheidung erwirken konnte.[34]

Frau und Kinder hatten also gehorsam zu sein. Erst im 18. Jahrhundert, als Heim und Arbeit getrennt wurden, wurde der Hausvater vorwiegend zur moralischen Autorität.[35] Richard van Dülmen kennzeichnet die verschiedenen Stände knapp folgendermaßen[36]: In den adligen und gut situierten bürgerlichen Haushalten hatte die Frau die Aufgabe der Reproduktion, der Haushaltsführung und Repräsentation. Die Bauersfrau hatte noch bis weit ins 18. Jahrhundert hinein die meisten 'Freiheiten': Ihre Arbeitskraft war wichtig und sie übernahm auch oft traditionell männliche Tätigkeiten auf dem Feld.

Zum Ende des 18. Jahrhunderts wurde die Hausfrau im bürgerlichen Stand moralisch und sittlich deutlich aufgewertet:

> „Die Trennung der Welten von Mann und Frau stärkte damit einerseits die patriarchalische Struktur des Hauses, insofern sie dem Mann 'Weltläufigkeit' und Überlegenheit gab, andererseits förderte sie die Emotionalisierung der familiären Beziehungen und die moralische Aufwertung der Frau".[37]

Diese Aufwertung hat natürlich auch etwas mit der von der Frau geforderten Tugendhaftigkeit zu tun. In der deutschen Literatur wird das Thema der tugendhaften Frau, die Opposition von Hure und Heiliger stark bearbeitet. Die Ehre der Frau hängt einzig und allein an ihrer Jungfräulichkeit und als Gattin an ihrer ehelichen Treue, was unmittelbar an den Mann gebunden ist, denn er ist auch entehrt, wenn sie ehebricht.[38] Falls der Mann ein außereheliches Verhältnis unterhält, beschädigt das die Ehre seiner Frau natürlich

---

33  Vgl. ebd., S. 54.
34  Vgl. ebd., S. 174ff.
35  Vgl. ebd., S. 43.
36  S. ebd., S. 39ff.
37  Ebd., S. 47.
38  Vgl. Wägenbaur, Birgit: *Die Pathologie der Liebe: literarische Weiblichkeitsentwürfe um 1800*. Erich Schmidt Verlag. Berlin. 1996. S. 32.

nicht. Das Verhalten von Männern und Frauen wurde und wird immer mit verschiedenen Maßstäben gemessen.

Es muss beachtet werden, dass die meisten Ehen nicht aus Liebe geschlossen wurden. Das Konzept der Liebesheirat taucht erst zum Ende des 18. Jahrhunderts auf. Bis dahin war die eheliche Untreue ein Teil des Lebens. Allerdings hatten die Kirchen besonderes Interesse an der ehelichen Treue und kriminalisierten den Ehebruch stark, ebenso wie vorehelichen Sex oder ledige Mütter.[39]

Im 18. Jahrhundert wurde die Sexualität insgesamt stark tabuisiert, was wieder den Begriff der Tugend in Erinnerung ruft. Tugend und Ehe sind einander widersprüchlich: Die Ehe ist der einzige Ort legitimer Sexualität in der frühen Neuzeit.[40] Auch im 18. Jahrhundert hatten ledige Mütter harte Kirchenstrafen zu erdulden[41], wie Goethe es im ersten Teil des „Faust" auch andeutet.[42] In den Rahmen der Ehe gehört auch die Reproduktion, was allerdings nicht ohne sexuellen Kontakt möglich ist. Die animalische Triebabfuhr widerspricht jedoch dem Reinheitsanspruch der Tugend, auch innerhalb einer Ehe. Des Weiteren ist die Affekt- und Triebkontrolle eine weithin anerkannte und nachgeahmte ethische, philosophische und literarische Kategorie. So wendet sich erst das bürgerliche Trauerspiel den Affekten positiv zu.[43] Die Ehe ist also der rettende Strohhalm. Die Frau kann die tugendhafte Reinheit nicht aufrecht erhalten; wenn sie verheiratet ist, erwartet die soziale Umwelt Fruchtbarkeit, aber sie verliert auch nicht ihre Ehre.

Die Sinnlichkeit galt allerdings als gefährliche Bedrohung der sozialen Ordnung und musste unbedingt unterdrückt werden.[44] Sinnli-

---

39  Vgl. Dülmen, Richard van: *Kultur und Alltag in der Frühen Neuzeit*. Band 1. S. 176f.
40  Vgl. ebd., S. 158.
41  Vgl. *Justiz in alter Zeit*. Hrsg. vom Kriminalmuseum Rothenburg ob der Tauber. 1989. S. 304ff.
42  Vgl. Goethe, Johann Wolfgang: *Faust. Der Tragödie erster Teil*. Goldmann Verlag. München. 1995. 126f: In der Szene „Am Brunnen" wird von Lieschen die Kirchenbuße angesprochen, wobei der Sündergroschen gezahlt werden musste, damit die junge Frau nicht öffentlich denunziert wurde. Allerdings konnten sich nicht viele Frauen die Zahlung leisten und wurden somit bloßgestellt.
43  Vgl. Alt, Peter-André: *Tragödie der Aufklärung*. S. 149ff.
44  Vgl. Dülmen, Richard van: *Kultur und Alltag in der Frühen Neuzeit*. Band 1. S. 172.

che Frauen erschienen und erscheinen auch heute noch als unheimlich. Sie sind sich ihrer Sinnlichkeit bewusst und schämen sich nicht dafür, sondern *nehmen* sich, was sie wollen. Das gefährdet natürlich die Autorität der Männer. Nicht umsonst spricht man auch heute noch davon, dass ein Mann ein Mädchen zur Frau *genommen* hat. *Nehmen* ist eine typisch männliche Handlung. *Nehmen* nun bestimmte Frauen durch ihre Sinnlichkeit einen Mann in ihren Bann, dann wankt die soziale Ordnung. Von diesem Thema wird weiter unten noch die Rede sein, denn in Adelheid von Walldorf findet sich genau so eine für Männer bedrohliche Sinnlichkeit wieder. Damit in Verbindung steht natürlich auch der Begriff der Femme fatale.

Im 16. Jahrhundert war Sexualität noch nicht tabuisiert[45], denn erst im 18. Jahrhundert zeigt sich die rigide Schamhaftigkeit, die uns heute aus vielen literarischen Werken bekannt ist und sich besonders deutlich im Niederschlagen der Augen, des Blickes zeigt. Der direkte Blickkontakt mit einem ledigen, heiratsfähigen Mann war für eine tugendhafte Frau also bereits eine Überschreitung der Schamgrenze.[46]

Die Aufgabe der Frau im 18. Jahrhundert war der Haushalt und die Erziehung der Kinder. Ihre weiblichen Bedürfnisse, die Bedürfnisse nach Bildung, Freiheit und auch Sexualität waren unbedeutend und wurden – wenn überhaupt – nur ungenügend gestillt.[47] Das Schicksal der bürgerlichen Frau war es, ausschließlich Gattin und Mutter zu sein. Ihr biologisches Geschlecht verurteilte sie dazu. Der Mann war Geselle, Bauer oder Soldat. Die Frau konnte sich nicht anders identifizieren, denn ihr blieben keine Möglichkeiten, ein eigenständiges Subjekt zu sein. Nur in den Unterschichten, wo die Armut die Menschen zu einem anderen Lebensstil zwang, war auch die Geschlechtertrennung am geringsten.[48]

Im Sturm und Drang schließlich wird die Rolle der autoritären Väter zunehmend geschwächt. Das Patriarchat ist zwar noch vorhanden,

---

45 Vgl. ebd., S. 185.
46 Sogar Marie Wesener aus Lenz' „Die Soldaten" schlägt zu Anfang noch die Augen auf ihre Arbeit nieder, allerdings hält diese Schamhaftigkeit bei ihr nicht lange an. Vgl. Lenz, Jakob Reinhold Michael: *Die Soldaten. Eine Komödie.* Reclam. Stuttgart. 1993. S. 7ff.
47 Vgl. Wägenbaur, Birgit: *Die Pathologie der Liebe.* S. 23.
48 Vgl. Dülmen, Richard van: *Kultur und Alltag in der Frühen Neuzeit.* Band 1. S. 46.

aber nicht mehr durchsetzungsfähig, was sich auch in Lenz' „Der Hofmeister" zeigt: Die Aufgabe der Erziehung wird an Läuffer abgegeben.[49]

Wie oben bereits erwähnt wurde, bemisst sich der Wert einer Frau an ihrer Tugend, an ihrer Jungfräulichkeit, wenn sie in die Ehe geht. Die Frau wird so zu einer Ware, mit der gehandelt werden kann.

> „Die bürgerliche Familiengesellschaft besteht im 19. Jahrhundert nicht aus ihren familiären Zellen, sondern aus jenem Tauschsystem, in dem Söhne Familien gründen und Töchter als Tauschobjekte zwischen den Familien zirkulieren. Männlichkeit beweist sich demnach in der vom Vater an den Sohn weitergereichten Macht und Aktivität, Tauschgeschäfte zu betreiben, Weiblichkeit dagegen in der Verfügbarkeit, als kostbares Objekt von der Herkunftsfamilie in eine neue Familie transferiert zu werden".[50]

Die biologische Fähigkeit, schwanger zu werden und ein Kind zur Welt zu bringen, hat Frauen keinen Respekt eingebracht, sondern Versklavung. Das Kind bindet sie ans Haus. Ihre Existenz liegt nicht in ihren eigenen Händen.[51] Die Mutterschaft hindert die Frau an der Aktivität, die die Männer auszeichnet. Sie muss passiv bleiben und wird zum Objekt.[52]

Eine offensive Kritik an Genderkonstruktionen soll hier nicht geübt werden, da es sich nicht um eine soziologische Arbeit handelt. Allerdings ist es wichtig, die Geschlechterverhältnisse und die Rolleneinteilung des 18. Jahrhunderts zu erwähnen, da dieses Verhältnis auch in den zu behandelnden Dramen eine herausragende Rolle spielt. Besonders der Objektstatus einer Frau ist von zentraler Bedeutung, denn die weiblichen Figuren in den vier Dramen werden allesamt zu Objekten der Lust degradiert. Zum Teil lassen sie sich degradieren, zum Teil spielen sie mit diesem Status. Aber dazu unten mehr.

---

49  Vgl. Hohendahl, Peter: *Die Krise der Männlichkeit im späten 18. Jahrhundert. Eine Problemskizze.* In: Zeitschrift für Germanistik. 2002. S. 278f.

50  Erhart, Walter: *Familienmänner. Über den literarischen Ursprung moderner Männlichkeit.* Fink. München. 2001. S. 58.

51  Vgl. Beauvoir, Simone de: *Das andere Geschlecht. Sitte und Sexus der Frau.* Rowohlt. Hamburg. 4. Auflage. 2004. S. 568.

52  Vgl. Schuscheng, Dorothe: *Arbeit am Mythos Frau. Weiblichkeit und Autonomie in der literarischen Mythenrezeption Ingeborg Bachmanns, Christa Wolfs und Gertrud Leuteneggers.* Lang. Frankfurt/Main. 1987. S. 6.

Zusammenfassend lässt sich sagen, dass sich die Rolle der Frau im 18. Jahrhundert auf die Existenz als Gattin und Mutter beschränkte. Das war allen Ständen gleich, obwohl es gewisse Abweichungen gab. Die Frauen der Bauern und der Unterschicht mußten hart arbeiten, um das Überleben der Familie zu sichern. Deshalb war in diesen Ständen die Freiheit größer, und die Grenzen der Rollen waren fließender. Traditionell männliche und weibliche Arbeiten waren nicht so streng und kategorisch getrennt, da die oberste Prämisse die Versorgung der ganzen Familie war. Die Frauen des gehobenen Bürgertums mussten Repräsentieren, Reproduzieren und den Haushalt führen, damit der Ehemann sich von seiner Arbeit erholen und neue Energie schöpfen konnte. Bei den adligen Frauen war es im Grunde ähnlich. Auch sie mussten Repräsentieren und Reproduzieren. Sie führten den Haushalt an der Spitze von Dienstboten. Die bürgerliche Ehefrau musste manchmal ohne Gesinde auskommen und selbst arbeiten. Das richtete sich nach dem Vermögen und Einkommen des Gatten.

Der Mann war immer der aktive Part. Ihm gehörte die öffentliche Welt. Seine Frau war im Wesentlichen als ein Schmuckstück zu sehen. Der Wert seiner Frau bemaß sich an ihrer Tugend.

Die Tugend der Frau war im 18. Jahrhundert besonders wichtig. Sie war die Grundlage für die Ehre einer Frau. Für den Handwerksstand war die weibliche Tugend und Sittlichkeit von besonders gehobenem Interesse, so dass einige Reglementierungen aus heutiger Sicht bizarr anmuten. Das soll das Thema des nächsten Kapitels sein.

## 3.1 Tugend und eheliche Geburt

Die frühe Neuzeit war eine Zeit, in der die soziale Anerkennung eines Menschen von seinem guten Ruf abhing, besonders innerhalb seines Standes. Die Ehre war das wichtigste Kapital eines Menschen und oftmals das einzige, was eine Frau zu verteidigen hatte. Da wundert es nicht, dass Streitigkeiten, die die Ehre betrafen, sehr häufig waren. Das Duell ist die bekannteste Auseinandersetzung zur Wiedergutmachung von besudelter Ehre. Obwohl Duelle schon im 16. Jahrhundert verboten wurden, zählten sie zu den häufigsten

Delikten, in der Stadt genau wie auf dem Land.[53] Allerdings ist zu beachten, dass jedwede gewaltsame Auseinandersetzung, auch wenn sie der Wiedererlangung der Ehre diente, verboten war.[54]

Auch wenn uns heute das Mittelalter düster erscheint, und auch wenn es oftmals den Anschein hat, dass ebenfalls die frühe Neuzeit durch brutale Hinrichtungsmethoden und Folter geprägt ist, muss gesagt werden, dass der Bürger rechtliche Möglichkeiten zur Wiederherstellung seiner Ehre hatte. Die so genannten Ehrenstrafen schafften einem Opfer Genugtuung. Diese Strafen muten heute sehr bizarr an, aber man darf nicht vergessen, wie elementar wichtig die Ehre für die Menschen war. Die Ehrenstrafen sind zum Beispiel die öffentliche[55] Abbitte; Haare scheren als Strafe für unsittliches Verhalten; Umzüge durch die Gemeinde, bei denen der Delinquent Gegenstände tragen musste, die sein Vergehen offenbarten; das Prangerstehen, oft mit Schandmasken oder dem berüchtigten Strohkranz für gefallene Mädchen; Strafarbeit; Trageverbot von ritterlichen Insignien, wie Waffen; Teeren und Federn oder Stäupen (eine Prügelstrafe).[56]

Die Ausführung der Strafe obliegt dem Scharfrichter. Das ist keine banale Feststellung, sondern eine wichtige Tatsache. Der Beruf des Scharfrichters hatte ein denkbar schlechtes Ansehen, und so waren Menschen für immer und unwiderruflich entehrt, die mit einem Scharfrichter in Kontakt kamen.[57] Scharfrichter waren die wohl am stärksten ausgegrenzte Berufsgruppe. Die Kinder lernten den Beruf vom Vater, heirateten in andere Scharfrichterfamilien, und die Familien wohnten immer abseits von Dörfern oder Städten.[58]

Diese lange Einleitung dient dazu, klar aufzuzeigen, dass die Ehre eines Menschen sein wichtigstes Gut war. Auch im 18. Jahrhundert

---

53 Vgl. Dülmen, Richard van: *Kultur und Alltag in der Frühen Neuzeit*. Band 2. München. Beck. 1999. S. 196f.

54 Vgl. ebd., S. 201f.

55 Die meisten Strafen wurden öffentlich vollstreckt, da man sich eine abschreckende Wirkung versprach. Vgl. auch *Justiz in alter Zeit*. 1989. S. 335ff.

56 Vgl. *Justiz in alter Zeit*. 1989. S. 335ff. Dieser Band bietet auch eine Vielzahl von Abbildungen, die Strafinstrumente, Folterwerkzeuge und Symbole für den Strafvollzug zeigen.

57 Vgl. Dülmen, Richard van: *Kultur und Alltag in der Frühen Neuzeit*. Band 2. S. 209ff.

58 Vgl. ebd., S. 209ff.

war das nicht anders. Aber zur Grundlage der Existenz wurden die Ehre und der gute Ruf im Handwerksstand.

„Im Unterschied zum Bauernhof, wo tatkräftiges Zupacken alles galt, wurden Sparsamkeit und Ehrbarkeit der Hausfrau zum Kapital des Handwerks, wie umgekehrt ihre Unfähigkeit oder Liederlichkeit zum Ruin des Hauses führen konnten".[59]

Selbst den Kirchen war die rigide Sittlichkeitsmoral der Zünfte zu übertrieben, denn die eheliche Zeugung war eine unerlässliche Zugangsvoraussetzung zum Handwerk.[60]

Wurde der Ehebruch in einer Handwerkerfamilie festgestellt, konnte der Betrieb sogar geschlossen werden.[61] Für die Ehre und den guten Ruf konnte einer Familie die Existenzgrundlage entzogen werden. Dabei ist die Untreue nicht einmal übel zu nehmen oder als Folge eines schlechten Charakters zu sehen, wenn man bedenkt, dass die Menschen oftmals mit jemandem verheiratet wurden, den sie nicht liebten oder vielleicht nicht einmal sympathisch fanden.[62]

Die uneheliche Geburt war also ein Stigma, das man unter Umständen sein Leben lang mit sich trug. Soziale Ausgrenzung war die Folge, denn es bedeutet natürlich einen Ehrverlust, wenn man sich mit einem Ehrlosen sehen lässt.

Die strenge Tugendmoral des Handwerkstandes soll nicht nur als Beispiel für die Priorität der Ehre an sich dienen, sondern schon im Voraus auf Heinrich Leopold Wagners Drama „Die Kindermörderin" hinweisen. Schließlich ist Evchens Vater Metzger und zählt somit zu den Handwerkern. Dass Vater Humbrecht es mit der eigenen Standesehre sehr genau nimmt, zeigt besonders deutlich der zweite Akt[63], aber dazu weiter unten.

---

59 Dülmen, Richard van: *Kultur und Alltag in der Frühen Neuzeit*. Band 1. S. 46.
60 S. ebd., S. 188.
61 S. ebd., S. 188.
62 Vgl. ebd., S. 176.
63 Vgl. Wagner, Heinrich Leopold: *Die Kindermörderin. Ein Trauerspiel*. Reclam. Stuttgart. 1999. S. 19ff.

## 3.2 Die „Gefallenen"

Sittlichkeit, Tugend, Moral. Das sind auch im 18. Jahrhundert für die meisten Menschen nicht einfach nur leere Worte, sondern sie beschreiben lebenswichtige Verhaltensweisen, um die Ehre zu schützen. Die immense Bedeutung von Ehre sollte man immer im Hinterkopf behalten, wenn man die hier zu behandelnden Dramen liest. Die dort behandelten Themen, wie uneheliche Schwangerschaft („Die Kindermörderin", „Woyzeck") oder vorehelicher Geschlechtsverkehr („Die Soldaten"), waren eine besonders große Gefahr für die Ehre der Betroffenen und deren Familien.

Es soll nun kurz auf die Sittlichkeitsdelikte eingegangen werden, da auch diese eindeutig das Frauen- und Männerbild sowie das Verständnis von Moral und Unmoral aufzeigen. Zu den Sittlichkeitsdelikten zählen widernatürliche Unzucht (Geschlechtsverkehr unter Männern und sexuelle Handlungen mit Tieren), Blutschande (Sex mit nahen Verwandten), Bigamie und natürlich der Ehebruch. Die Notzucht, auf die das Kapitel über Wagners „Die Kindermörderin" genauer eingehen wird, ist auch unter die Sittlichkeitsdelikte zu rechnen.

Der Ehebruch ist im Gesamtzusammenhang der Arbeit besonders interessant. Wie oben schon gezeigt wurde, war die gesellschaftliche Stellung der Frau von der ihres Mannes abhängig, und die Frau war auch der Besitz des Ehegatten.

> „Die Zuordnung der Frau auf den Mann, das Postulat ihrer sittlichen und geschlechtlichen Reinheit, ihre ausschließlich sexuell definierte Würde ließen einen durch Ehebruch verursachten Ehrverlust der Frau ungleich schwerer wiegen als beim Mann [...]".[64]

Die ungleiche Behandlung spiegelt sich natürlich auch im Rechtssystem wider. Wie zu erwarten, hatten des Ehebruchs überführte Frauen schwerere Strafen zu erwarten als untreue Ehemänner.[65]

Erst im 14. Jahrhundert wurde auch der Mann in der weltlichen Rechtsprechung der Frau in Bezug auf den Ehebruch gleichgestellt; und schließlich durfte mit der Constitutio Criminalis Carolina von 1532 auch die Ehefrau Anklage gegen den untreuen Ehegatten erhe-

---

64 Wägenbaur, Birgit: *Die Pathologie der Liebe*. S. 32.
65 Vgl. Dülmen, Richard van: *Kultur und Alltag in der Frühen Neuzeit*. Band 1. S. 176.

ben.[66] In den vorhergehenden Jahrhunderten traf nur die Frau die Härte des Gesetzes, was im Allgemeinen die Todesstrafe bedeutete, zeitweise sogar vom eigenen Ehemann vollzogen.[67] Im Laufe der Zeit wurden die Strafen weniger drakonisch. Im 18. Jahrhundert schließlich wurde die eheliche Untreue als Vertragsbruch mit geringen Gefängnisstrafen geahndet; und Ende desselben Jahrhunderts verschwand die Todesstrafe für Ehebruch aus dem Strafvollzug.[68]

Wie also in diesem Kapitel gezeigt wurde, mussten Frauen ihre Ehre viel stärker schützen als Männer, denn sie konnten sie auch viel leichter verlieren. Die Ehre war für eine Frau auch im 18. Jahrhundert noch der einzige Garant für ein wenig Respekt und soziale Anerkennung. Wurde ihr das zum Beispiel durch eine Vergewaltigung genommen, blieb ihr nichts mehr.

---

66   S. *Justiz in alter Zeit*. 1989. S. 323.
67   Vgl. ebd., S. 322f.
68   Vgl. ebd., S. 323.

# 4. Kindsmord

Die Verheimlichung der Schwangerschaft, eine einsame Geburt und schließlich die Tötung oder Beseitigung des Neugeborenen. Babys im Müll, auf Damentoiletten oder in Gebüschen. Auch heute geistern diese Meldungen noch durch die Medien. Das Problem der Kindstötung ist sicher schon so alt wie die Menschheit.

Heute versucht man, den Frauen vielfältig zu helfen. Es gibt psychologische Beratungsstellen; Kliniken bieten die Möglichkeit zur anonymen Geburt, wo das Neugeborene aufgenommen und nach einer gewissen Frist zur Adoption freigegeben wird; außerdem existieren die nicht unumstrittenen 'Babyklappen'. Ganz abgesehen von den vielen, leicht zugänglichen Verhütungsmethoden. Ledige Mütter sind heute in den meisten Fällen keine sozialen Außenseiter mehr.[69] Im 18. Jahrhundert war das noch anders. Die soziale Kontrolle, deren Folgen und die Rechtsprechung der Zeit sollen das Thema des nächsten Kapitels sein.

## 4.1 Kindsmord im 18. Jahrhundert: soziale Folgen und Rechtsprechung

Oben wurde verdeutlicht, dass die Gesellschaft des 18. Jahrhunderts sehr viel Wert auf die Ehre gelegt hat. Das 18. Jahrhundert war, wie gezeigt, im Vergleich mit den vorhergehenden Jahrhunderten ungemein prüde. Der eigentliche Skandal am Kindsmord, real oder literarisch, ist allerdings nicht die Tötung eines Säuglings, sondern der außereheliche Sex.[70] Hat man diese Zeitumstände verinnerlicht, ist es leicht, sich vorzustellen, was mit einer ledigen Frau geschieht, die ein Kind zur Welt bringt. Verführt oder vielleicht sogar vergewaltigt; sie hat keine Chance, ihre Ehre zurück zu erlangen. Der soziale Abstieg ist zu erwarten und endet oft auf der untersten Stufe

---

69   Mal abgesehen von einigen Religionen, wie zum Beispiel der Islam. Bei streng Gläubigen ist vorehelicher Sex natürlich eine schwere Sünde. Daraus folgt unter Umständen, so unglaublich das klingt, auch heute noch das „honour killing", Ehrenmorde. Zum Thema Ehre der Frau, siehe Kapitel 3 - 3.2.

70   Vgl. Neumeyer, Harald: *Psychenprduktion. Zur Kindsmorddebatte in Gesetzgebung, Wissenschaft und Literatur um 1800*. In: Borgards, Roland u.a. (Hrsg.): Diskrete Gebote. Geschichten der Macht um 1800. Festschrift für Heinrich Bosse. Köningshausen + Lehmann. Würzburg. 2002. S. 60.

der sozialen Existenz: der Prostitution. Es ist nicht zu vermuten, dass die Tugendpostulate des 18. Jahrhunderts diesem Gewerbe Einbußen bescherten. Diese wahnwitzige Ironie ist nicht zu übersehen.

Die Kirchenstrafen sollten die gefallenen, also die vor der Ehe geschwängerten Mädchen und Frauen bloßstellen und so abschrecken. Da die Kirche nur die Ehe als legitime Sphäre für Sexualität duldete, wurde nach der kirchlichen Trauung ein Brautzug durch die Stadt geführt.[71] War die Braut schwanger, hatte sie einen Strohkranz auf dem Kopf, oder eine Hebamme mit einem Kissen schritt dem Zug vorweg.[72] Das sind nur zwei Beispiele. Aber man muss verstehen, dass die Delinquentin gebrandmarkt war. Auch wenn es sich um eine größere Stadt handelte, kann man davon ausgehen, dass die Mitmenschen sich das Gesicht der Gefallenen wenigstens auf eine gewisse Zeit merkten. Wer den Schaden hat, brauchte noch niemals für den Spott sorgen.

> „Das Hauptmotiv für den Kindesmord war damals die Furcht vor der Schande, ein uneheliches Kind zu haben, aus der Familie oder dem Dienst verstoßen zu werden, sowie die geringe Chance, sich zu verheiraten. Auch galt die Verheimlichung der Schwangerschaft und Niederkunft nach damaliger Rechtsordnung als strafbare Handlung. Selbst der voreheliche Geschlechtsverkehr wurde bestraft, und auch Kirchenstrafen wurden gegen solche Sünderinnen verhängt".[73]

Eine Abschreckung erzielten diese beschämenden Kirchenstrafen schließlich auch. Allerdings wohl anders, als die Initiatoren es sich gedacht hatten. Um der öffentlichen Demütigung und vielleicht sogar der Verstoßung durch die Familie zu entgehen, brachten viele junge Mädchen und Frauen ihre Kinder heimlich und ohne Hilfe zur Welt und töteten das Neugeborene. Man muss sich unbedingt klar machen, wie viel Angst, ja Panik, eine junge Frau haben muss, um das eigene Kind zu töten.[74] Heute werden verschiedene Motive

---

71  Vgl. Dülmen, Richard van: *Kultur und Alltag in der Frühen Neuzeit*. Band 1. S. 153.
72  Vgl. ebd., S. 153.
73  *Justiz in alter Zeit*. 1989. S. 299.
74  Psychisch kranke Frauen, die ihre Neugeborenen töten, sind ein Sonderfall. Im Rahmen dieser Arbeit wird von Frauen ausgegangen, die psychisch soweit gesund, aber zu Tode verängstigt sind.

für den Kindsmord ins Feld geführt: psychische Störungen nach der Geburt, Zukunftsangst oder der so genannte Medea-Mord, der aus Eifersucht oder Besitzwunsch an den sexuellen Partner begangen wird.[75] Im 18. Jahrhundert war der Kindsmord ein Verbrechen, das in Zusammenhang mit Vorsatz stand. Schwangerschaft und Geburt wurden verheimlicht, weitere Kennzeichen sind der uneheliche Geschlechtsverkehr und die Lebendgeburt sowie die Lebensfähigkeit des Kindes.[76] Die Strafen waren drakonisch, weil man der Mutter auch vorgeworfen hat, dass sie dem Kind die Taufe und damit das ewige Leben vorenthalten habe.[77]

In diesem Zusammenhang ist die Tatsache interessant, dass die Zahl der Kindstötungen erst im 18. Jahrhundert bedenklich anstieg und im 19. Jahrhundert schließlich einen traurigen Höhepunkt erreichte.[78] Vermutlich hängt das mit der verstärkten Prüderie und den harten Ehrenstrafen zusammen.

> „Nur als Kindsmörderinnen treten sie [die Frauen] in der Kriminalitätsgeschichte hervor. Deren Verfolgung hatte seit dem 17. Jahrhundert zugenommen und rückte in der zweiten Hälfte des 17. Jahrhunderts sogar an die erste Stelle unter den Mordfällen".[79]

Frauen wurden nicht nur leichtfertiger, sondern auch schwerer bestraft als Männer.[80] Die Motive, die die Frau zu dieser Tat leiteten, wurden oftmals wenig oder gar nicht beim Urteilsspruch berücksichtigt. Der Kindsmord wurde natürlich als Tötungsdelikt eingestuft und als solches auch schwer geahndet. Hier folgt ein kurzer Überblick über die Entwicklung der Strafgeschichte bei Kindsmord.

> „Die Tötung eines Wehrlosen galt im Mittelalter als Mord, und auch in germanischer Zeit wurde die Tötung eines neugeborenen Kindes als Mord bezeichnet, sicher weil die Tötung mit der Verheimlichung der Tat verbunden gewesen

---

75  S. Weber, Heinz-Dieter: *Kindsmord als tragische Handlung*. In: Ulshöfer, Robert (Hrsg.): *Der Deutschunterricht*. Jahrgang 28. Heft 2. Klett. Stuttgart. 1976. S. 76.
76  Vgl. ebd., S. 77.
77  S. ebd., S. 77.
78  Vgl. Dülmen, Richard van: *Kultur und Alltag in der Frühen Neuzeit*. Band 1. S. 186.
79  Dülmen, Richard van: *Kultur und Alltag in der Frühen Neuzeit*. Band 2. S. 257.
80  S. ebd., S. 266.

sein wird. [...] Im 14. Jahrhundert machte man um die Tötung eines Neugeborenen durch seine unverheiratete Mutter nicht viel Aufhebens, weil ja kein Überlebender in seinen Rechten beeinträchtigt und deshalb auch keine Veranlassung zum Einschreiten gegeben war".[81]

Die Methoden, die Delinquentin vom Leben zum Tod zu bringen, variierten. Die brutalsten Strafen waren das Lebendigbegraben oder das Pfählen; oft wurden die Frauen auch ertränkt.[82] Schließlich wurde die Strafe zu Beginn des 17. Jahrhunderts im Allgemeinen mit dem Schwert vollzogen.[83]

Damit ist zur Genüge erklärt, wie die sozialen und juristischen Konsequenzen für Kindsmörderinnen aussahen; auch noch zu der Zeit, als Wagner sein Trauerspiel schrieb. Die Frauen wussten sehr genau, was ihnen drohte, wenn sie überführt wurden. Ihre einzige Hoffnung war, dass der Kindsvater sie heiratet und ihre Ehre so nachträglich wiederhergestellt wird.[84] Sonst hatte sie die Wahl zu treffen zwischen der Position als sozialer Außenseiter als ledige Mutter oder dem Risiko der Todesstrafe. Dass der soziale Druck allerdings so ungemein war, wird deutlich, wenn man zwei exemplarische Fälle betrachtet.

## 4.2 Der Fall Susanna Margaretha Brandt

Susanna Margaretha Brandt ist wohl die berühmteste deutsche Kindsmörderin. Ihr Leben und Sterben wurde von Goethe zu der Gretchen-Handlung im ersten Teil des „Faust" umgearbeitet. Goethe hatte Einsicht in die Prozessakten, da sein Onkel Johann J. Textor als Schöffe bei den Verhören der Delinquentin mitwirkte.[85] Ihr Fall zeigt exemplarisch, wie im 18. Jahrhundert mit Kindermörderinnen umgegangen wurde.

Als Susanna während eines Verhörs nach dem Kindsvater gefragt wird, antwortet sie:

---

81 *Justiz in alter Zeit.* 1989. S. 299.
82 S. ebd., S. 299.
83 Vgl. ebd., S. 299.
84 Vgl. Neumeyer, Harald: *Psychenproduktion.* S. 48.
85 Vgl. Birkner, Siegfried: *Goethes Gretchen. Das Leben und Sterben der Kindsmörderin Susanna Margaretha Brandt.* Insel. Frankfurt/Main. 1999. S. 15f.

> „Er hätte ihr etliche Gläser Wein zu trinken gegeben, wodurch sie dergestalten in die Hitze gekommen, daß sie seinen Ausfällen nicht wieder stehen können, so daß er sie auf das Bett gezerret, und daselbst die Unzucht mit ihr getrieben, und wäre es nicht anders gewesen, als ob er ihr etwas in den Wein gethan. Gegeben und versprochen habe er ihr weiter nichts".[86]

Hätte Susanna ein Geschenk erhalten, hätte es als Ehepfand interpretiert werden können. Ein Ehepfand ist ein Geschenk, zum Beispiel ein Ring oder Geld, Taschentücher oder andere Gegenstände, die ein gültiges Eheversprechen bedeuten, ebenso wie ein schriftlicher Vertrag, in dem die Eheschließung zugesichert wird.

> „Wenn häufig gemahnt wurde, nicht leichtfertig ein Eheversprechen abzugeben, vor allem nicht zu vorschnell etwas zu schenken, so hatte dies seine Gründe. Denn in der Tat gab es nicht wenige Fälle, wo aus einem kleinen Geschenk weitergehende Ansprüche abgeleitet wurden. Vor allem dann, wenn dem Versprechen der Beischlaf gefolgt und die Frau schwanger geworden war, konnte der Nachweis eines Geschenks sie davor schützen, als leichtfertig zu gelten [...]".[87]

Der so genannte Heirats- oder Ehebrief konnte im gegebenen Fall sogar gerichtlich eingeklagt werden.[88] Diese Umstände werden weiter unten im Kapitel über Lenz' „Die Soldaten" noch eine Rolle spielen, denn Marie erhält ja Geschenke und auch einen Ehebrief.[89]

Susanna erhält nichts dergleichen, sie kann sich also auch nicht entlasten. Susanna ist eine Magd in einem Frankfurter Gasthaus, als der fast unbekannte Gast sie schwängert.[90] Im Folgenden wird die weitere Geschichte von Susanna kurz zusammenfassend wiedergegeben. Siegfried Birkner hat in seinem bereits zitierten Band die Protokolle der Verhöre abgedruckt. Dort ist Susannas Geschichte auch genau nachzulesen.

Der Vater des Kindes verlässt Frankfurt wieder. Susanna kennt seinen Namen nicht und hätte auch keinen Kontakt aufnehmen kön-

---

86  Ebd., S. 49.
87  Dülmen, Richard van: *Kultur und Alltag in der Frühen Neuzeit*. Band 1. S. 142.
88  Vgl. ebd., S. 140.
89  Vgl. Lenz, J. M. R.: *Die Soldaten*. S. 15ff, 32.
90  Vgl. Birkner, Siegfried: *Goethes Gretchen*. S. 48ff.

nen, da sie nicht Schreiben oder Lesen kann. Ihre Wirtin und die Nachbarn bemerken bald, dass Susanna dick wird und vermuten eine Schwangerschaft. Susanna leugnet. Vor den Schwestern muss sie sich ausziehen und ein Arzt untersucht sie. Aber eine Schwangerschaft wird nicht eindeutig festgestellt. Bald bringt sie in der Waschküche des Gasthauses ihren Sohn zur Welt und tötet ihn auch dort. Die Leiche versteckt sie im angrenzenden Stall. Am nächsten Tag flieht sie aus Frankfurt, kehrt aber schon nach einem Tag zurück und wird sofort verhaftet. Offensichtlich ist sie körperlich stark entkräftet, denn man bringt sie für einige Tage in ein Hospital.

So unglaublich das klingt, aber Susanna wird bei ihrem zweiten Verhör mit dem bereits sezierten und exhumierten Kind konfrontiert.[91] Die junge Frau reagiert erwartungsgemäß mit einem Schock:

„Bey Vorzeigung des Kindes wurde Inquisitin bald weiß bald roth und rufte babey zu verschiedenen mahlen aus Herr Jesus, Herr Jesus. Ja das ist mein Kind, ich habe keine Hand daran geleget".[92]

Später wird sie diese Aussage revidieren und die Tötung des Jungen zugeben:

„Das Kind wäre vor ihr auf die Platte auf die Erde geschossen [sie bringt das Kind, wie oben erwähnt, in der Waschküche des Bäuerischen Hauses zur Welt. K. H.] und gleich darauf die Nabelschnur gefolget, da ihr dann der Teufel in den Sinn gegeben, Hand an ihr eigen Fleisch und Blut zu legen und das Kind umzubringen".[93]

Dass der Teufel sie beeinflusst hat, erwähnt Susanna in den verschiedenen Verhören immer wieder. So habe er ihr eingeflüstert, sich niemandem anzuvertrauen und sich nach vollbrachter Tat selbst in den Tod zu stürzen.[94] Wenn man Susannas Bildungsstand berücksichtigt, kann da durchaus noch der Teufelsglaube im Spiel gewesen sein. Es ist natürlich auch möglich, diese Aussagen als Ausflüchte zu interpretieren, mit denen sie sich entlasten will. Erfolgreich ist diese Strategie jedenfalls nicht. Es sei dahingestellt, und die Interpretation dieses Details wird dem Leser überlassen.

---

91  Ebd., S. 43ff.
92  Ebd., S. 43.
93  Ebd., S. 54.
94  Vgl. ebd., S. 50ff.

Im Rahmen des vorangegangenen Kapitels ist es interessant, wie Susanna antwortet, als man sie fragt, warum sie ihr Kind getötet habe. Sie antwortet: „Um der Schande und des Vorwurfs der Leute zu entgehen, daß sie ein unehrliches Kind gebohren [...]".[95]

Das Ende der traurigen Geschichte ist bekannt. Susanna wird zum Tod durch das Schwert verurteilt und am 14.1.1772 hingerichtet.[96] Die mildernden Umstände, die Susannas Verteidiger zu ihrer Rettung anführt, bleiben vom Gericht unbeachtet.

> „Man muß die unglückliche Situation, worinnen sich die Inquisitin befunden, in ihrem völligen Umfang überdenken, [...]. Von ihrer Brotherrin verstoßen, in der äußersten Armuth, [...]: Unwissend, wer ihr Schwängerer war und außer Stande, solchen auszukundschaften, um von ihm den Unterhalt des Kindes zu erlangen, unvermögend, solches selbst zu ernähren: Der Schande und Verachtung der Welt bloßgestellet. Allen diesen Besorgnüssen, allen diesem Unglück glaubt die Inquisitin zu entgehen, wenn sie Hand an ihr Kind leget und durch Wegräumung des unglücklichen Zeugens ihrer Schande solche in eine ewige Vergeßenheit zu begraben sich schmeichelt".[97]

Susanna ist kein gefühlloser Mensch. Der Verteidiger berichtet auch sehr ausführlich, wie sehr sie ihre Tat bereut.[98] Aber auch Reue hilft ihr nicht.

Am Rande sei noch erwähnt, dass in den Verhören der Schwestern oftmals Folgendes gesagt wird: Maria Ursula König habe ihrer Schwester Susanna zugeredet

> „[...] sie solte ihr doch um Gottes willen gestehen, ob sie schwanger seye, es hätte ja nichts zu sagen, sie wäre nicht die erste, und würde auch nicht die letzte seyn [...]".[99]

Einige Jahre später wird dieser Satz verkürzt und pointiert in Goethes Drama „Faust" wieder zu finden sein. Mephistopheles wird sein gleichgültiges und provozierendes „Sie ist die erste nicht!"[100] Fausts Klagen entgegenwerfen.

---

95  Ebd., S. 62.
96  Vgl. ebd., S. 88ff, 117ff.
97  Ebd., S. 84f.
98  Vgl. ebd., S. 84f.
99  Ebd., S. 24.
100 Goethe, Johann Wolfgang: *Faust. Der Tragödie erster Teil.* V. 4397.

Auch Susanna Margaretha Brandt war nicht die erste und schon gar nicht die letzte, wie ihre Schwester es ausgesagt hat. Gottfried August Bürger protokolliert in seiner Funktion als Amtmann das Verhör der Kindsmörderin Catharina Elisabeth Erdmann vom 6.1.1781.[101] Die junge Magd aus Göttingen wird vom ortsansässigen Metzger zunächst gewaltsam zum Geschlechtsverkehr gezwungen; später gibt sie ihm freiwillig nach.[102] Sie berichtet über Geburt, Tötung und Motiv derselben Folgendes:

> „Sie sei nicht lange draußen vor der Tür gewesen, als das Kind von ihr gegangen und auf die Erde gefallen, wobei dasselbe geschrien habe. [...] Weil sie sich nun vor ihrem Vater, welcher schlimm wäre, gefürchtet und nicht gewollt hätte, daß der etwas gewahr werden sollte [sie bekommt das Kind auf dem Hof vor dem elterlichen Haus; Nachts. K. H.], so habe sie das Kind gleich von der Erde aufgenommen, sei nach der Garte gesprungen und habe es ins Wasser geworfen".[103]

Diese beiden Fälle sollen nur verdeutlichen, was die Kindsmörderinnen wohl im Allgemeinen gemeinsam haben. Beide Frauen sind in Panik, völlig verängstigt, und sie schämen sich. Noch dazu muss eine Geburt ein sehr erschreckendes Erlebnis sein, wenn man ganz allein damit fertig werden muss. In ihrer Panik machen sie einen fatalen Fehler. Aber die Scham ist zu groß, als dass sie sich hätten Hilfe suchen können. Beide Frauen berichten ja, dass sie das Urteil der Leute fürchteten. Catharina nennt wörtlich ihren Vater.

Ebenfalls ist beiden Frauen gemein, dass sie gefügig gemacht wurden. Mit Wein betäubt oder mit Gewalt gezwungen, zumindest beim ersten Verkehr. Beide Männer haben diese Frauen in ihren Untergang geschickt, und das aus den niedrigsten Beweggründen. Die Rolle, die der Frau hier im Geschlechterverhältnis zugeteilt wird, spiegelt die sexuelle Obsession par excellence: Das Objekt wird begehrt, benutzt und seinem Schicksal überantwortet.

> „Mit rhetorischem Aufwand fühlen sich Männer [...] in Frauenpsychen ein, um aus deren Geschichte herauszudeuten, was sie selbst in dieses hineingelegt haben - ursprüngli-

---

101  S. Glotz, Peter (Hrsg.): *Versäumte Lektionen. Entwurf eines Lesebuches.* Fischer. Frankfurt/Main. 1965. S. 53.
102  Vgl. ebd., S. 53.
103  Ebd., S. 54.

che Tugend, Verführung, Unzurechnungsfähigkeit und das System [Ehre]".[104]

Heinrich Leopold Wagners Drama „Die Kindermörderin" thematisiert einen Fall, der dem der Susanna Margaretha Brandt nicht unähnlich ist und der wahrscheinlich tausenden anderen Kindsmordfällen gleicht.

---

[104] Neumeyer, Harald: *Psychenproduktion*. S. 53.

## 5. Heinrich Leopold Wagner: „Die Kindermörderin"

„Vorübergehend will ich nur, der Folge wegen, noch eines guten Gesellen gedenken, der, obgleich von keinen außerordentlichen Gaben, doch auch mitzählte. Er hieß *Wagner*, erst ein Glied der Straßburger, dann der Frankfurter Gesellschaft; nicht ohne Geist, Talent und Unterricht. [...] Auch hielt er treulich an mir, und weil ich aus allem was ich vorhatte kein Geheimnis machte, so erzählte ich ihm wie anderen meine Absicht mit 'Faust', besonders die Katastrophe von Gretchen. Er faßte das Sujet auf, und benutzte es für ein Trauerspiel, 'Die Kindermörderin'. Es war das erste Mal, daß mir jemand etwas von meinen Vorsätzen wegschnappte; es verdroß mich, ohne daß ich`s ihm nachgetragen hätte".[105]

Goethes Vorwurf, Wagners Drama sei lediglich ein Plagiat der Gretchen-Handlung, haftet dem Trauerspiel bis heute an.[106] Es ist unwahrscheinlich, dass Wagner von diesem Vorwurf in naher Zukunft reingewaschen wird. Zu groß sind Anerkennung und Achtung, die dem Dichterfürsten Goethe zuteil werden. Auch heute noch hören die Studenten in einem Nebensatz vom Plagiatsvorwurf, wenn sie sich mit Wagners Drama beschäftigen. Bevor man sich allerdings blind auf die Seite Goethes schlägt, sollte man beachten, dass die Themen der gefallenen Unschuld und des Kindsmordes beliebte Sujets des ausgehenden 18. Jahrhunderts waren.[107] Des Weiteren ist die Zahl der Kindstötungen im 18. Jahrhundert auch stark angestiegen, wie in Kapitel 4 dargestellt wurde. So gesehen, kann man die Grundidee des geschwängerten Mädchens, das schließlich das eigene Kind tötet, nicht als besonders originell bezeichnen. Der Vorwurf Goethes scheint aus diesem Blickwinkel betrachtet etwas überzogen.

Etwas überzogen scheint wohl auch so manchem der Anspruch dieser Arbeit, im Verhalten von Gröningsecks eine sexuelle Obsession zu erkennen. Dennoch soll es versucht werden.

---

105 Goethe, Johann Wolfgang: *Aus meinem Leben. Dichtung und Wahrheit.* Reclam. Stuttgart. 1991. S. 647. (3. Teil, 14. Buch).

106 Vgl. Haupt, Jürgen: *'Die Kindermörderin'. Ein bürgerliches Trauerspiel vom 18. Jahrhundert bis zur Gegenwart.* In: Orbis Litterarum. Vol. 32. 1977. S. 285f.

107 Vgl. ebd., S. 287.

## 5.1 Des Lieutenants Gelüste

„Ums Himmelswillen, so komm doch zu dir! - du bist ja nicht die erste. -"[108], sind die mageren Worte von Gröningsecks, um Evchen zu beruhigen, nachdem er sie überfallen hat. Gelingen kann ihm das freilich nicht. Es ist äußerst interessant, die Ähnlichkeit zwischen von Gröningecks zitiertem Ausruf, der Aussage der Schwester Susanna Margaretha Brandts und auch Mephistopheles' provokativem Ausspruch zu sehen. Im Kapitel 4.2 wurde bereits aus den Prozessakten der besagte Satz zitiert und auf die Verbindung mit Goethes „Faust" hingewiesen. Von Gröningsecks ist hier also der dritte im Bunde, der einer Frau sagt, dass sie und ihre Jungfräulichkeit nichts Besonderes darstellen. Obwohl Tugend und Jungfräulichkeit für ein lediges Mädchen die Gesamtheit ihrer Ehre ausmachen[109], soll es jetzt unbedeutend sein. Nichtig und nicht der Atemluft wert, die Evchen verschwendet, um sich zu empören. Es ist nicht möglich, von Gröningseck zu entlasten, indem behauptet wird, dass er den Satz nicht vollendet habe. Der Punkt, das Satzschlusszeichen ist vor dem Gedankenstrich gesetzt. Evchen unterbricht ihn ganz eindeutig, aber dieser kurze Satz hat bereits alles offenbart, was er über Evchens Wert als Mensch denkt. Er gibt ihr zu verstehen, dass sie nicht individuell in ihrem Schicksal betroffen ist. Wahrscheinlich ist sie nur eine von vielen, der er die Unschuld geraubt hat. Diese antiquierte Formulierung ist zu entschuldigen, allerdings handelt es sich in der Tat um einen Raub.

Evchens Protest, der Versuch sich selbst den Status eines Individuums zurückzugeben, folgt sofort: „Die du zu Fall gebracht hast? - bin ichs nicht - nicht die erste? o sag mirs noch *einmal*".[110] Es ist ihr verzweifelter Versuch, sich selbst eine einzigartige Existenz zu schaffen. Wäre sie die erste, die einzige, dann hätte sie eine exponierte Stellung auch in seinem Leben eingenommen. Aber so gleicht sie den anderen Mädchen. Sie ist ein Ding, ein Objekt seiner Begierde geworden, das sich nur in eine lange Reihe anderer 'Eroberungen' einzureihen scheint. Evchen begreift das und protestiert. Ihr Versuch, sich nicht zum Objekt machen zu lassen, hat allerdings wenig Erfolg. Von Gröningseck versteht den Protest nicht einmal:

---

108 Wagner, H. L.: *Die Kindermörderin*. S. 17.
109 Vgl. Kapitel 3, 3.1 und 3.2.
110 Wagner, H. L.: *Die Kindermörderin*. S. 17.

„Nicht die erste, sag ich, die Frau wurde, eh sie getraut war".[111] Er glaubt, damit seine Worte entschärft zu haben, aber es ändert nichts an der objektivierenden Aussage des Satzes. Noch immer ist sie kein Individuum, sondern nur Zahl in einer Reihe von Zahlen.

Den Anspruch, ein Individuum, ein Subjekt zu sein, versteht von Gröningseck nicht. Wie auch, denn als Mann wird er nicht mit der Degradierung zum Objekt konfrontiert. Männer sind immer Subjekte, autonome Individuen, und als solche können sie viele Mädchen zu Frauen machen, ohne dass ihr Ansehen Schaden nimmt. Evchen ist reines Fleisch geworden. Ihre Ehre korreliert mit ihrem Subjektstatus, durch den Überfall ist beides zum Teufel gegangen.

> „Für Evchen Humbrecht als die typische Tochter in einer patriarchalischen Familie ist die Verführung eine ihre ganze sittliche Existenz vernichtende Erfahrung, die sie in Gewissensqualen und in eine tiefe Melancholie stürzt".[112]

Wagner bricht hier gleich mit dem ersten Akt ein Tabu der deutschen Bühne.[113] Evchen erliegt dem Überfall des Adligen in einem heruntergekommenen Bordell. Wie auch bei Lessings „Emilia Galotti" kann der Ort hier die Handlung spiegeln. Was den Zuschauer oder Leser erwartet, wird sofort klar. Bei „Emilia Galotti war es noch das Lustschloss, in das Emilia zwecks Verführung gebracht wird: „Des Morgens, sprach der Prinz Ihre Tochter in der Messe; des Nachmittags, hat er sie auf seinem Lust - Lustschlosse"[114], wie Orsina kennzeichnend feststellt. Bei Wagner ist es dann das Bordell. Es ist auch charakterisierend für die Figur der Mutter, dass sie die Tochter ohne Kenntnis des Vaters mit dem Adligen auf einen Ball mitnimmt. Wie schon festgestellt wurde, ist der Ehemann der unumschränkte Herr im Haus. Außerdem kennt die Mutter das Standesbewusstsein des Gatten. Er leidet die Bälle nicht, aus Angst um die Ehre, also die Jungfräulichkeit der Tochter:

> „Wenn denn vollends ein zuckersüßes Bürschchen in der Uniform, oder ein Barönchen, des sich Gott erbarm! ein Mädchen vom Mittelstand an solche Örter hinführt, so ist

---

111 Ebd., S. 17.
112 Sorensen, Bengt Algot: *Herrschaft und Zärtlichkeit. Der Patriarchalismus und das Drama im 18. Jahrhundert*. Beck. München. 1984. S. 138.
113 Vgl. Werner, Johannes: *Literarische als gesellschaftliche Form. Heinrich Leopold Wagner 'Die Kindermörderin. Ein Trauerspiel'. Eine Interpretation*. Dissertation. Freiburg. 1976. S. 113.
114 Lessing, G. E.: *Emilia Galotti*. S. 123.

zehn gegen eins zu verwetten, daß er sie nicht wieder nach Haus bringt, wie er sie abgehohlt hat".[115]

Damit trifft der alte Humbrecht - ohne es zu wissen - genau ins Schwarze. Außerdem charakterisiert er treffend das egoistische, skrupellose Sexualverhalten der Adligen. Die Vergnügungen, die sich von Gröningseck sonst noch gönnt, kommen im Gespräch mit der Prostituierten Marianel im ersten Akt ans Licht.[116] Beide beschimpfen sich während des Gesprächs grob, aber die Verbundenheit dieser Gesellschaftsschichten kennzeichnet ein Satz von Gröningsecks am deutlichsten. Marianel will sich ihm nähern, doch er stößt sie von sich mit den Worten: „Das ist heut überflüßig: wenn der Soldat Eyerweck hat, frißt er kein Kommißbrod".[117] Die Huren sind den Adligen nur recht, wenn sie keine Bürgers- oder Handwerkerstochter verführen können. Aber die starke Verwobenheit dieser beiden Gesellschaftsschichten, den Prostituierten ganz unten und den Offizieren ganz oben, wird hier schon deutlich. Marianel bringt es auf den Punkt: „[...] und wenn keine Hurenbuben wären; so gäbs lauter brave Mädels".[118] Auch hier kristallisiert sich wieder die Objektivierung eines Menschen durch ihm gesellschaftlich überlegene Menschen heraus. Würden die Offiziere nicht ihren sexuellen Trieben folgen, gäbe es keine Prostituierten. Würden die Offiziere nicht der sexuellen Obsession erliegen, ein Mädchen von Ehre zu besitzen, dann gäbe es nur jungfräuliche Handwerkstöchter.

Dann hätte von Gröningseck auch keinen Grund, Evchen zu sagen, dass es nichts Besonderes ist, geschändet zu werden. Einzig durch Evchens Protest ergibt sich, dass von Gröningseck ihr die Ehe anträgt, um ihre Ehre doch noch zu retten, und Evchen hat keine Alternative; sie muss zusagen.[119]

Dem zum Objekt degradierten Evchen bleibt für die restliche Zeit des Dramas nichts anderes zu tun, als passiv zu sein. Wenn man es genau betrachtet, hat sie auch im ersten Akt nur selten gehandelt. Sie spielt nur die Rolle des sexuell begehrten Objektes, das der Soldat immer wieder mit anzüglichen Bemerkungen oder Kompli-

---

115 Wagner, H. L.: *Die Kindermörderin*. S. 22.
116 Vgl. Sorensen, B. A.: *Herrschaft und Zärtlichkeit*. S. 140; sowie Wagner, H. L.: *Die Kindermörderin*. S. 8f.
117 Wagner, H. L.: *Die Kindermörderin*. S. 8.
118 Ebd., S. 9.
119 Vgl. ebd., S. 17.

menten zu überzeugen sucht.[120] Sie versucht zu flüchten, aber auch hier wird sie überrannt.[121] Erst im fünften Akt schließlich befreit Evchen sich aus dem Objektstatus und der Passivität und flieht aus dem Elternhaus.[122] Aber Evchen ist noch immer kein Subjekt. Sie ist nicht Evchen, sondern das schwangere, wartende Ding. Es ist wichtig, nun einen kurzen Blick auf die Kleidung zu werfen. Die gesamte Kleidung, von der Kopfbedeckung bis zu den Schuhen, diente nur einem Zweck: Sie gab die gesellschaftliche Position für alle sichtbar wieder. Die Kleidung signalisierte allen, ob man jemanden mit „Gnädiger Herr" anreden mussten oder nicht. Die Wirksamkeit der Kleidung in der Öffentlichkeit war also das entscheidende Kriterium.[123] Als Evchen nun aus dem elterlichen Hause flieht, verlangt sie von ihrer Magd einen Baumwollmantel und gibt ihr dafür ihren aus Taft.[124] Das von Evchen verfolgte Ziel ist klar: Sie verbirgt ihren Stand. Mit dem schlechteren Mantel aus Baumwolle wird sie von Passanten automatisch einem Stand zugeordnet, der unter dem des Handwerkers liegt. Sie gehört jetzt in den Augen der Öffentlichkeit zur Unterschicht. Allerdings schafft das ein anderes Problem. „Seinen Stand zu verbergen, galt nicht als Bescheidenheit, sondern als Betrug [...]".[125] Verstöße gegen die Kleiderordnung waren demnach auch strafbar.[126]

Erst im letzten, im sechsten Akt befreit sich Evchen von ihrem Objektstatus und wird ein autonomes Subjekt. Sie trifft eigenständig eine Entscheidung. Bevor es zu dieser Befreiung kommen kann, erzählt Frau Marthan ihr die Gerüchte aus der Stadt. Frau Marthan erzählt Evchen die verborgene Geschichte der Nacht mit von Gröningseck im Gelben Kreutz. Erst nach ungefähr neun Monaten erfährt Evchen, dass sie in einem Bordell war, und Frau Marthan zeigt deutlich ihre Geringschätzung für diese Art von Mädchen:

---

120   Vgl. ebd., S. 5ff.
121   Vgl. ebd., S. 16.
122   Vgl. ebd., S. 55f.
123   Vgl. Dülmen, Richard van: *Kultur und Alltag in der Frühen Neuzeit.* Band 1. S. 74ff.
124   Vgl. Wagner, H. L.: *Die Kindermörderin.* S. 55.
125   Dülmen, Richard van: *Kultur und Alltag in der Frühen Neuzeit.* Band 2. S. 184.
126   Vgl. *Justiz in alter Zeit.* 1989. S. 417ff.

> „[...] es muß doch kein guter Blutstropfen in ihr gewesen seyn, sonst hätt sie das nit gethan! [...] Wenn ein Weibsbild sich so weit verleiten läßt, daß sie gar in Burdels geht -".[127]

Evchen wird in der Erzählung von Frau Marthan auch die Teilschuld gegeben, da sie mit dem Offizier gemeinsam den Schlaftrunk verabreicht haben soll:

> „[...] und da hat sie und der Uffezier der Mutter etwas zu trinken gegeben, daß sie einschlief. Warum sies gethan haben, ist leicht zu denken. – Und da soll ihr der Mußie die Eh versprochen haben; – wie aber die Herren sind, ein ander Städtel ein ander Mädel! [...]".[128]

So erfährt Evchen also, dass sie in einem Bordell überfallen worden ist. Die Mutter ist durch einen Schlaftrunk ausgeschaltet und kann ihr nicht helfen. Es wird ihr klar, dass sie von Gröningseck ausgeliefert war. Es folgt die Erzählung von dem Muttermörder und vom Tod von Evchens Mutter, die an der Schmach und am Herzleid gestorben ist, das ihre Tochter ihr bescherte.[129]

Evchen erzählt Frau Marthan von ihrer wahren Identität. Das ist ihre Entscheidung, durch die sie zum Subjektstatus findet.

> „Das bin ich, bin verführt, übertölpelt worden, da ich mirs am wenigsten dachte. Sie hats ja selbst erzählt; das Ersäufen ausgenommen, ist alles wahr, alles! Nur muß ich ihr noch sagen, daß ich nicht wußte, daß wir in einem so schönen Hauß waren, noch weniger hab ich am Schlaftrunk Antheil gehabt. – Diese zwey Umstände, die ich von ihr erfahren, zeigen mir die ganze schwarze Seele des Niederträchtigen, der mich so tief herabsetzte. – Noch blieb mir immer wenigstens ein Schatten von Hoffnung übrig, nun ist auch *der* verschwunden, und mit ihm alles – nun kann ich nichts mehr, als –".[130]

Erst jetzt wird Evchen klar, dass von Gröningseck alles geplant hatte. Der Schlaftrunk, ein wenig Alkohol auch für Evchen. So sollte sie gefügig gemacht werden. Der Offizier hat sich genommen, was er wollte und Evchen im Glauben gelassen, dass er seinen Leiden-

---

127 Wagner, H. L.: *Die Kindermörderin*. S. 74.
128 Ebd., S. 74.
129 Vgl. ebd., S. 74ff.
130 Ebd., S. 78.

schaften, seinen Trieben erlegen war. Diesen Mann soll sie heiraten. Das kann sie nicht als mögliche Zukunftsaussicht annehmen.

> „Mit der Erkenntnis Evchens, daß v. Gröningsecks Verhalten in gezielter Manipulation bestand, keineswegs aber spontaner Triebüberwältigung entsprang, ist für sie jeder Ausblick in eine erträgliche Zukunft unmöglich".[131]

Sie will nicht, dass er zu ihr zurückkommt[132], denn dann müsste sie ihn dennoch heiraten. Sie kann sich nur emanzipieren und befreien, wenn sie sich umbringt. Als der Magister dem Vater Humbrecht versichert, dass von Gröningseck in jedem Fall bereit sei, Evchen zu heiraten, „[...] ihr die Ehre wieder geben will [...]"[133], wehrt Evchen sich.

> „Mit einem Vergewaltiger, der [von Leidenschaft übermannt] über sie hergefallen wäre, hätte sie die Ehe schließen können, nicht aber mit einem Mann, der voller Heimtücke bereit war, seine Triebbefriedigung mit ihrem Unglück zu erkaufen".[134]

Der Scharfrichter ist ihr willkommener als von Gröningseck.[135] Evchen will nicht gerettet werden, denn das würde ja die Hochzeit mit dem Offizier unweigerlich mit einschließen. Ihr Weg aus der Herrschaft von von Gröningseck führt über den Mord an ihrem Kind.

> „[...] ich wollte mir aus der Welt helfen, und hatte nicht Entschlossenheit genug selbst Hand an mich zu legen; jetzt mags der – Henker thun! – Mein Kind ist todt, todt durch mich –".[136]

Sie kann ihr Leben nicht mit dem „Teufel in Engelsgestalt"[137] teilen, zu hinterhältig und heimtückisch war seine Tat.

Johannes Werner sieht in der Kindstötung einen Anfall von Raserei und Wahnsinn, der Evchens Handeln motivieren und gleichzeitig entschuldigen soll.[138] Allerdings muss man sagen, dass es nichts mit

---

131 Saße, Günther: *Die Ordnung der Gefühle: das Drama der Liebesheirat im 18. Jahrhundert.* Wissenschaftliche Buchgesellschaft. Darmstadt. 1996. S. 214.
132 Vgl. Wagner, H. L.: *Die Kindermörderin.* S. 78.
133 Ebd., S. 83.
134 Saße, Günther: *Die Ordnung der Gefühle.* S. 221.
135 Vgl. Wagner, H. L.: *Die Kindermörderin.* S. 83.
136 Ebd., S. 83.
137 Ebd., S. 17.
138 Vgl. Werner, Johannes: *Literarische als gesellschaftliche Form.* S. 166.

irrationalem Handeln oder mit Wahnsinn zu tun hat, als Evchen ihr Kind tötet. Sie kalkuliert die Folgen des Mordes genau ein. Der Scharfrichter wird zu Ende bringen, was Evchen nicht vollbringen konnte. So handelt sie erstmalig im Drama, so wird sie zum autonomen Individuum. Allerdings kann Evchen nur ein Subjekt sein, wenn sie stirbt. Ob sie nun gerettet werden kann, sei dahingestellt, da die Gesetze eindeutig sind und Wagner das Ende offen lässt.[139]

## 5.2 Verführung oder Vergewaltigung

Ist Verführung nur die sanfte Variante einer Vergewaltigung, oder muss man bei einer Verführung grundsätzlich eine gewisse Bereitschaft der Verführten voraussetzen? Letzteres ist wohl am wahrscheinlichsten. Doch bleibt auch bei einer Verführung ein letzter Rest von Zweifel, Widerwille, der überwunden werden muss. Es heißt ja nicht grundlos Verführung. Die eigene Handlungsohnmacht wird oft als Entschuldigung für das Geschehen genutzt.

Emilia dagegen fürchtet die eigene Sinnlichkeit, die Bereitschaft, sich verführen zu lassen. „[...] Verführung ist die wahre Gewalt. – Ich habe Blut, mein Vater; so jungendliches, so warmes Blut, als eine. Auch meine Sinne, sind Sinne. Ich stehe für nichts".[140] Eine Verführung bedroht ihre Sittlichkeit existentiell, da sie in die Verführung heimlich eingewilligt hätte, ganz im Gegensatz zu einer Vergewaltigung.

Für Evchen stellt sich diese Frage nicht. Sie wird im ersten Akt vergewaltigt. Auch wenn es die Autoren gern Verführung nennen, ist es eine Vergewaltigung. Diese Kapitel soll die Gründe für diese Einschätzung darlegen.

Von Gröningseck ist einer sexuellen Obsession erlegen. Er will Evchen *haben,* und deshalb *nimmt* er sich, was er will. Von Gröningseck zieht in seinem Feldzug gegen Evchen alle Register: Komplimente, Alkohol und schließlich das Schlafmittel.

Der militärische Jargon ist durchaus angebracht, da von Gröningseck erstens ein Soldat ist; da zweitens von Hasenpoth selbst diesen Duktus verwendet[141]; und drittens, da es auch heute noch üblich ist,

---

139   Vgl. Wagner, H. L.: *Die Kindermörderin.* S. 84f.
140   Lessing, G. E.: Emilia Galotti. S. 149.
141   Vgl. Wagner, H. L.: Die Kindermörderin. S. 34f.

Frauen zu *erobern*. Frauen werden generell oft mit Festungen gleichgesetzt, die es zu *erobern, erstürmen* und zu *besiegen* gilt. Der Sieg des Mannes, der erlangte sexuelle Verkehr, ist immer die Niederlage der Frau. Die Schuld für die Niederlage, sei sie nun freiwillig erfolgt oder gewaltsam, liegt immer bei der Frau, denn sie *lässt* sich erobern, bestürmen, vergewaltigen. Die von ihr verlangte Passivität wird nun zu ihrem Schuldeingeständnis. Heinrich von Kleist verwendet diesen militärischen Duktus in seiner Erzählung „Die Marquise von O..."[142] sehr geschickt, und es ist möglich, die Eroberung der Zitadelle parallel zu der Vergewaltigung der Marquise zu lesen.

> „Er [der Feind; die Soldaten unter Befehl des Grafen] steckte die Magazine in Brand, eroberte ein Außenwerk, und als der Kommandant, nach einer nochmaligen Aufforderung, mit der Übergabe zauderte, so ordnete er einen nächtlichen Überfall an, und eroberte die Festung mit Sturm".[143]

Wenige Zeilen später folgt dann die Vergewaltigung der bewusstlosen Marquise durch den Grafen.[144] Militärische Angriffe laufen also sozusagen mit sexuellen Übergriffen parallel. Sie sind mit demselben Vokabular zu beschreiben und absolut eindeutig.

Natürlich muss erwähnt werden, dass es den Straftatbestand der Vergewaltigung zur Zeit Wagners nicht gab. Der Übergriff auf die Marquise, wie auch die Vergewaltigung Evchens würden als Notzucht geahndet werden. Das geltende Recht im 18. Jahrhundert, die Carolina, bestimmt Folgendes für den Täter:

> „Nach Artikel 119 der Carolina sollte der Täter, der einer gutbeleumundeten Ehefrau, Witwe oder Jungfrau die Ehre nahm, gleich einem Räuber mit dem Schwert vom Leben zum Tod gebracht werden. [...], seltener dürften die Strafen des Lebendigbegrabens oder Pfählens zur Anwendung gekommen sein. Überhaupt war die Bestrafung der Täter sehr unterschiedlich, wurde der eine nur an den Pranger gestellt, mit Ruten gestrichen und des Landes verwiesen, hatte der andere sein Leben verwirkt".[145]

Allerdings war es äußerst schwer, den Täter zu überführen. Die Frau musste sofort nach der Tat mit ihrer körperlichen Versehrtheit,

---

142 Kleist, Heinrich von: *Die Marquise von O... .* In: Sämtliche Erzählungen und andere Prosa. Reclam. Stuttgart. 1984.
143 Ebd., S. 117.
144 Vgl. ebd., S. 118.
145 *Justiz in alter Zeit.* 1989. S. 321.

auch zerrissenen Kleidern und gelösten Haaren, in der Öffentlichkeit Alarm schlagen.[146] Gelang ihr das nicht, durch Scham, Bewusstlosigkeit oder weil ihr Peiniger sie aufhielt, dann tendierten ihre Chancen auf Sühne gegen Null.

Evchens Situation ist folgende: Ihre Mutter ist durch den Schlaftrunk außer Gefecht gesetzt und der Offizier attackiert sie. In der Regieanweisung heißt es: Von Gröningseck *„setzt sich neben die Mutter, zieht Evchen nach sich"*.[147] Es kann also keine Rede davon sein, dass Evchen sich freiwillig neben ihn auf das Bett setzt. Auf die erzwungene körperliche Nähe folgt schließlich die Frage, mit der von Gröningseck sich die Zusage zum sexuellen Verkehr erhofft: „Bist du mir gut Evchen?".[148] Evchen ist ihm nicht gut. Seinen aufdringlichen Blick kann sie nicht leiden[149], das heißt, sie gibt ihm ihre Einwilligung nicht. Dass sie sexuellem Verkehr mit ihm nicht freiwillig zustimmt, ist bereits an dieser Stelle deutlich. Skeptiker könnten argumentieren, dass Evchen sich ein wenig ziere. Die folgenden Zeilen, die eine Vergewaltigung zweifelsfrei belegen, sollen deshalb vollständig, auch mit Regieanweisungen, zitiert werden.

> „v. Gröningseck. Warum denn nicht, Närrchen? *(küßt ihr mit vieler Hitze die Hand, und sieht ihr bey jedem Kuß wieder starr in die Augen.)*
>
> Evchen. Darum! - ich will nicht. - *(Er will sie umarmen und küssen, sie sträubt sich, reißt sich los, und lauft der Kammer zu.)* Mutter! Mutter ich bin verlohren. -
>
> v. Gröningseck *(ihr nacheilend.)* Du sollst mir doch nicht entlaufen! - *(schmeißt die Kammerthür zu. Innwendig Getös; die alte Wirtin und Marianel kommen, stellen sich aber als hörten sie nichts; nach und nach wirds stiller.)*".[150]

Evchens „ich will nicht"[151] ist nicht nur auf von Gröningsecks aufdringliches Starren zu beziehen, sondern auf die Gesamtsituation, die ihr unbehaglich ist. Auch ihr Ausruf, unter dem sie in der Kammer verschwindet, deutet in keinem Fall auf eine Zustimmung hin. Ihre Wahl, in die Kammer zu fliehen, ist schlecht getroffen. Aller-

---

146   Vgl. ebd., S. 304ff.
147   Wagner, H. L.: *Die Kindermörderin*. S. 15f.
148   Ebd., S. 16.
149   Ebd., S. 16.
150   Ebd., S. 16.
151   Ebd., S. 16.

dings ist rationales Handeln von ihr nicht zu erwarten, da sie in Panik davonstürzt. Außerdem wäre es nicht zu verantworten, die Mutter allein zurückzulassen. Ihre Flucht in die Kammer ist also nachvollziehbar, aber keinesfalls eine Einwilligung oder Aufforderung. Von Gröningseck merkt das, denn sie scheint ihm zu entfliehen, zu „entlaufen".[152] Des Weiteren wird von „Getös"[153] im Inneren der Kammer gesprochen, Evchens Gegenwehr vermutlich. Es spricht alles für eine Vergewaltigung, aber nichts für ein auf Gegenseitigkeit beruhendes erotisches Abenteuer. Heinz-Dieter Weber allerdings sieht das anders:

„Eine Vergewaltigung muß in dieser Szene nicht erkennen, wer sie nicht sucht. Vor dem sie bedrängenden Mann sucht Evchen nicht ins Freie zu fliehen, sondern ins Enge - sie war ihm längst verfallen. Erst so gibt ja auch die Rede vom Gewissenskonflikt Sinn [...]".[154]

Dieser Interpretationsansatz ist einfach falsch. Die Flucht einer Frau in eine Kammer kann unter gewissen Umständen, wenn es Teil eines erotischen Spiels ist, als Zustimmung und Aufforderung gewertet werden. Aber Evchen geht im gesamten ersten Akt nicht auf die Komplimente und Zudringlichkeiten von von Gröningseck ein.[155] Sie ist ihm nicht verfallen. Auch ihre Reaktion, als sie die Kammer wieder verlässt, spricht gegen ihre Zustimmung.

„Evchen (*stürzt wieder aus dem Nebenzimmer heraus, auf ihre Mutter hin.*) - Mutter! Rabenmutter! schlaf, - schlaf ewig! - deine Tochter ist zur Hure gemacht. - (*fällt schluchzend ihrer Mutter auf die Brust; der Lieutenant geht ein paarmal die Stub auf und ab,* [...]".[156]

Evchen ist entsetzt und in Panik. Ihrer Jungfernschaft und damit ihrer Ehre ist sie beraubt worden. Der Vater wird diese Schande nicht dulden können, da er den moralischen Normen der Zünfte verpflichtet ist und mit der Ehre seiner Frau und Tochter die Ehre des Betriebes verknüpft ist.[157]

---

152   Ebd., S. 16.
153   Ebd., S. 16.
154   Weber, Heinz-Dieter: *Kindsmord als tragische Handlung.* S. 91.
155   Vgl. Wagner, H. L.: *Die Kindermörderin.* S. 5ff.
156   Ebd., S. 17.
157   Vgl. Saße, Günther: *Die Ordnung der Gefühle.* S. 216.

Scham und Schuldgefühle einer Vergewaltigten sind psychologisch gesehen nicht selten, da Frauen, bedingt durch ihre anerzogene Passivität und Objektivierung, sich oftmals selbst die Schuld am Geschehen geben. Evchen ist nun in ein Dilemma gebracht worden, aus dem sie nur durch Heirat entkommen kann. Sie muss ihren Peiniger heiraten, denn ein anderer Mann würde sie nicht mehr akzeptieren. So erklärt sich auch ihre Reaktion am Ende des ersten Aktes, wo sie ihm verbietet, sie bis zur Hochzeit anzurühren.[158]

> „Sie versucht zwei unvereinbare Haltungen zu vereinen: Sie will v. Gröningseck an sich binden [um gesellschaftliche Schande abzuwehren] und zugleich von sich fernhalten [er hat ihr Gewalt angetan], indem sie den Rechtsakt der Heirat nur um den Preis körperlicher Distanz akzeptiert, bis die Ehe kirchlich vollzogen ist".[159]

Zum Schluss soll eine Szene zitiert werden, in der die weibliche Figur ihre Zustimmung zu erotischen Händeln in ihrer Flucht in eine Kammer ausdrückt. Es handelt sich dabei um eine Szene aus Jakob Reinhold Michael Lenz' Drama „Die Soldaten". Das Drama wird weiter unten noch detaillierter untersucht werden, allerdings ist diese Szene sehr geeignet, da sie das absolute Gegenteil zu Evchens Kammerflucht zeigt.

Die Kaufmannstochter Marie unterhält ein unschickliches Verhältnis mit dem Offizier Desportes. Im Hause des Vaters von Marie spielt sich dann folgende Szene ab[160]: Desportes ist anwesend, und die Jungfer Zipfersaat kommt Marie besuchen. Marie beschämt das junge Mädchen allerdings, da sie Desportes vorschlägt, er solle ihr Liebeserklärungen machen. Wichtig sind vor allem die Regieanweisungen.

> „Marie *(einen tiefen Knicks)*. Jetzt können Sie Ihre Liebesdeklaration machen. *(Läuft ab, die Kammertür hinter sich zuschlagend. Jungfer Zipfersaat ganz verlegen tritt ans Fenster. Desportes, der sie verächtlich angesehen, paßt auf Marien, die von Zeit zu Zeit die Kammertür ein wenig eröffnet.* [...]
>
> *(Desportes sucht sich zwischen die Tür einzuklemmen, Marie sticht ihn mit einer großen Stecknadel fort, er schreit und läuft plötzlich heraus, um durch eine andere Tür in jenes Zimmer zu*

---

158  Vgl. Wagner, H. L.: *Die Kindermörderin*. S. 17f.
159  Saße, Günther: *Die Ordnung der Gefühle*. S. 218.
160  Vgl. Lenz, J. R. M.: *Die Soldaten*. S. 24ff.

*kommen. Jungfer Zipfersaat geht ganz verdrüßlich fort, derweil das Geschrei und Gejauchz im Nebenzimmer fortwährt. [...])"*.[161]

Es ist also von „Geschrei und Gejauchz"[162] die Rede, wogegen aus der Kammer mit Evchen und von Gröningseck „Getös"[163] zu hören ist. Während die Flucht von Marie vor Desportes ein lustiges Spiel ist und sie auch keine Zweifel an ihrer Bereitschaft lässt, ist das bei Evchen, wie gezeigt wurde, in keiner Weise der Fall. Evchens Entehrung ist also nichts anderes als eine heimtückische Vergewaltigung. Jede andere Bezeichnung für diese Tatsache wäre ein bloßer Euphemismus.

## 5.3 Geschlechterrollenverständnis im Drama

Es hat sich schon in den beiden vorhergegangen Kapiteln herausgestellt, dass die Rolle der Frau in diesem Drama die eines Objektes ist, an dem sich sexuelle Obsessionen ungestraft entladen können. Das Verhältnis und die Darstellung der Geschlechterrollen sollen jetzt noch einmal vertieft werden.

Es wurde bereits deutlich, dass die Frau im Haus des 18. Jahrhunderts sozusagen zum Hausrat gehörte und dem Mann unterstand.[164] Der Handwerksstand hatte eine besonders für Frauen repressive Tugendmoral. Das stellt Wagner deutlich dar, anhand der Figur vom alten Humbrecht. Evchens Vater identifiziert sich stark mit seinem Stand als Handwerker.[165] Er ist zu Recht empört, dass Frau und Tochter ohne sein Wissen, und schlimmer, ohne seine Zustimmung auf einen Ball gegangen sind. Denn, aus seiner Sicht sind Bälle Veranstaltungen ausschließlich für Adlige. „Es gehört sich aber nicht für Bürgersleut [...]"[166], kommentiert er die Rechtfertigungsversuche seiner Frau. Seine Frau hat seinen Anspruch auf Gehorsam untergraben und sich gegen die patriarchalische Hausordnung aufgelehnt.[167] Das schadet natürlich dem Ansehen und der Ehre des

---

161 Ebd., S. 26.
162 Ebd., S. 26.
163 Wagner, H. L.: *Die Kindermörderin*. S. 16.
164 Vgl. Kapitel 3-3.2.
165 Vgl. Wagner, H. L.: *Die Kindermörderin*. S. 21
166 Ebd., S. 20.
167 Vgl. Sorensen, B. A.: *Herrschaft und Zärtlichkeit*. S. 141f.

Hausvaters. Seinem Unmut über die Missachtung seiner hausväterlichen Autorität macht er Luft.

> „Das war brav: es reut dich also? – komm her, daß ich dich küße dafür – Was! du wirst roth, wenn dich dein Vater küßt! – sollst du wohl schon so verdorben – doch, ich vergaß, daß die Mamsell auf dem Ball war; – in Zukunft bleib hübsch zu Haus [...]".[168]

Die verächtliche und unpassende Anrede, die er hier an seine Tochter richtet, zeigt, wie sehr es ihn reizt, dass seine Anweisungen nicht beachtet wurden. Das Patriarchat gerät spürbar ins Wanken. Das ist nicht zu dulden, und Evchen wird sofort wieder auf die ihr zugedachte Rolle geeicht. Sie soll im Haus bleiben. Das Haus ist der einzig akzeptable Platz für eine Frau, verheiratet oder ledig. Es war, wie in den Kapiteln 3 und den folgenden gezeigt wurde, der einzige Raum, in dem eine Frau halbwegs autonom agieren konnte. Ihr unterliegt die Haushaltsführung. Das ist der ihr zugedachte Lebensraum. Alle Handlungen, die die Öffentlichkeit betreffen, unterstehen der Autorität des Ehegatten. So auch im Hause Humbrecht. Tugend und Ordnung sind die Leitbegriffe, und Abweichungen oder gar Fehltritte werden unbarmherzig bestraft.[169] Allerdings ist Humbrecht in seinem Handeln konsequent, und so verurteilt er auch lautstark jede Abweichung von Tugend, Recht und Ordnung außerhalb seines Hauses.[170] Auf einen der Fausthämmer geht Humbrecht ohne zu zögern los, da dieser ein Kind zu Tode geprügelt hat.[171] Dabei wird natürlich auch das Dilemma der Rechtsprechung zu Wagners Lebzeiten deutlich. Betteln war verboten, stehlen allerdings auch. Eine Alternative stand nicht zur Verfügung.

Wagner kritisiert das Bürgertum und den Handwerksstand in der naiven und eitlen Mutter, die gern über ihren Stand hinaus will und im cholerischen Vater Humbrecht, der die Tugendmoral des Standes drakonisch durchsetzten will. Besonders das Verhältnis zwischen den Ehegatten zeigt eindeutig die Hierarchie unter den Geschlechtern. Humbrecht geht verbal, aber auch in Ansätzen physisch auf seine Frau los.[172] In diesem Sinne kritisiert Wagner auch die rigiden

---

168 Wagner, H. L.: *Die Kindermörderin*. S. 30.
169 Vgl. Sorensen, B. A.: *Herrschaft und Zärtlichkeit*. S. 135f.
170 Vgl. ebd., S. 136.
171 Vgl. Wagner, H. L.: *Die Kindermörderin*. S. 63f.
172 Vgl. ebd., Akt 2.

Moralvorstellungen, die die Frau bei der kleinsten Abweichung nur in den gesellschaftlichen Ruin treiben kann.

> „Zärtlich sollen die Frauen sein, dem Drängen der Männer nur im erlaubten Rahmen der Keuschheit nachgeben, diese erst auf dem Altar der Ehe opfern – als Zeichen ausschließlicher Zugehörigkeit". [173]

Evchen verhält sich nicht standesgemäß, wenn sie mit einem Offizier einen Ball besucht.[174] Das höchste Maß der Schande bringt sie natürlich über den Vater, wenn sie ihre Jungfernschaft vor der Ehe verliert, egal unter welchen Umständen. So interessiert es Vater Humbrecht auch nicht, wie das junge Mädchen im Hinterhaus seine Ehre vor der Ehe verloren hat. Seine Ordnung von Tugend und Moral wird keiner Gnade untergeordnet. Auch fragt er nicht danach, ob dem Mädchen vielleicht Gewalt angetan wurde oder ob ihr der junge Soldat etwas versprochen hat. Die junge Frau hat ihre Ehre verloren. Damit ist sie schuldig und muss bestraft werden.

> „[...] die schöne Jungfer dahinten hat sich von einem Serjeanten eins anmessen lassen, die Mutter weiß drum und läßt alles so hingehen: die ganze Nachbarschaft hält sich drüber auf. – Jetzt marsch! und kündig ihnen das Logis auf: [...] Meine eigne Tochter litt ich keine Stund mehr im Haus, wenn sie sich so weit vergieng".[175]

Es zeigt sich deutlich, wer im Haus die Befehlsgewalt innehat. Die Frauen haben zu gehorchen oder sie werden bestraft. Repressionen und Gewalt, versteckt unter dem Deckmantel von Tugend, Ehre und Ehe, treffen in ihren Konsequenzen immer und mit voller Wucht die Frau.

> „Eingebettet in den Kontext von Justiz- und Standeskritik, mediatisiert durch eine Anklage gegen Offiziersdünkel und Kleinbürgermoral, zeigt es [Wagners Drama] nicht nur, daß, sondern auch, wie die Lage der Frau von Gewalt durchzogen ist".[176]

Evchen unterliegt der Gewaltherrschaft des Patriarchats. Die einzige Entscheidung, die sie im Drama treffen wird, ist der Mord an ihrem

---

173  Saße, Günther: *Die Ordnung der Gefühle*. S. 207.
174  Vgl. ebd., S. 206f.
175  Wagner, H. L.: *Die Kindermörderin*. S. 31.
176  Saße, Günther: *Die Ordnung der Gefühle*. S. 224.

Kind, damit ein anderer Mann in Gestalt des Scharfrichters ihr wiederum Gewalt antun kann.

Aber auch der Adel wird nicht kritiklos dargestellt. Wagner gibt allerdings keine moralische Handlungsanweisung, die er durch besonders positive Charakterisierung zur Nachahmung empfiehlt, wie man es noch in den bürgerlichen Trauerspielen Lessings findet.[177] Der These von Jürgen Haupt, dass das Bürgertum stärker kritisiert würde als der Adel[178], ist nicht haltbar. Die aristokratische Unsittlichkeit[179], der skrupellose und respektlose Umgang mit anderen Menschen, charakterisieren in Wagners Drama die Figuren des Adels. Der Adel greift auf die Privatsphäre der Familie über[180], indem er die Töchter verführt. Darin spiegelt sich allerdings auch der Machtverlust der väterlichen Autorität wider.[181]

Von Gröningseck und von Hasenpoth sind Figuren, die ihrem Stand gemäß handeln. Sie sind nicht nur der Standesehre verpflichtet, sondern auch dem Ehrenkodex des Corps. Zu diesem soldatischen Ehrbegriff gehört es, Mädchen aus dem Bürgertum oder im Fall von Marianel, den Unterschichten, zu benutzen.[182] Allerdings geht das zu Lasten der Offiziersehre, wenn sich einer tatsächlich verliebt oder, um dem Mädchen Schande zu ersparen, es heiraten will.

> „Hör mich an, Herr Bruder! ich hoffe doch nicht, daß du die Narrheit so weit getrieben, und dich würklich in das Mädchen verliebt hast; das wär ja, soll mich der Teufel zerreißen! wider allen esprit de corps".[183]

---

[177] Dabei ist besonders auf die vorbildhafte Charakterisierung von Sara Sampson im unmittelbaren Vergleich mit der Figur des Adels, Marwood, hinzuweisen. Vgl. Lessing, G. E.: *Miss Sara Sampson*. Reclam. Stuttgart. 1993.

[178] Vgl. Haupt, Jürgen: 'Die Kindermörderin'. In: Orbis Litterarum. S. 291.

[179] Vgl. Huyssen, Andreas: *Drama des Sturm und Drang. Kommentar zu einer Epoche*. Winckler. München. 1980. S. 181ff.

[180] Vgl. ebd., S. 184.

[181] Besonders deutlich zeigt sich die Ohnmacht des Patriarchats in Lenz' „Der Hofmeister". Der Major ist längst nicht mehr der Herr im Hause. Er kann nur vom Hofmeister Gehorsam erwarten, allerdings schwängert dieser seine Tochter. Vgl. Lenz, J. R. M.: *„Der Hofmeister"*. Reclam. Stuttgart. 2001.

[182] Vgl. Sorensen, B. A.: *Herrschaft und Zärtlichkeit*. S. 140.

[183] Wagner, H. L.: *Die Kindermörderin*. S. 33.

Die Ehre steht auch hier über der Verantwortung für das eigene Fehlverhalten. Allerdings erscheint insbesondere von Hasenpoth als äußerst unsympathische Figur, da er sein Handeln nicht als moralisch verwerflich ansieht. Er hat von Gröningseck das Schlafmittel verschafft und ihm scheinbar auch die Verwendung vorgeschlagen.[184] Auf von Gröningsecks Schuldeingeständnis und sein schlechtes Gewissen reagiert von Hasenpoth verständnislos. Ihm scheint sich die Schuld, die von Gröningseck auf sich geladen hat, vollkommen zu entziehen. Er sieht in Schlafmitteln und Vergewaltigungen legitime Mittel zum Zweck: „Possen! Possen! Brüderchen! Kinderpossen! Pfaffengeschwätz! - Du hast deine Absicht erreicht, - nun gut! deß sollst du ja froh seyn".[185]

Aber auch von Gröningseck, dem mancher Interpret gern einen besseren Charakter als von Hasenpoth unterstellt[186], ist von demselben Schlag. Frauen achtet er nicht. Sie sind seiner Triebbefriedigung dienlich und erfüllen sonst keinen Zweck: „Wenns eins von den Alltagsgeschöpfen wäre, die, wenn wir sie nicht zu unserm Spielwerk brauchten, zu gar nichts nütze sind, ja! [...]".[187] Evchen sei allerdings kein Spielzeug, heißt es weiter. Hintergangen hat er sie trotzdem. Die Rechtfertigung, die Legitimierung eines solch respektlosen Umgangs mit Frauen, die von Hasenpoth bietet, nimmt von Gröningseck nicht an, um sein Gewissen zu erleichtern.

> „Ich hab wenig Frauenzimmer angetroffen, die nicht sehnlichst wünschten bestürmt zu werden, und noch die erste zu sehen, die nicht nach der Niederlage ein paar Krokodilsthränen geweint hätte. – Das ist schon in der Art so".[188]

Dem „bösen Gewissen"[189] von Gröningsecks hilft diese Argumentation, eigentlich ein Freischein zur Vergewaltigung, nicht weiter. Allerdings entlastet ihn das keineswegs, sondern lässt ihn nur noch verruchter und abscheulicher erscheinen. Er kennt den Unterschied zwischen richtigem und falschem Handeln. Doch er hat das Schlafmittel benutzt und Evchen vergewaltigt, weil er es so wollte. Er hat die Entscheidung selbst und in vollem Bewusstsein getroffen und

---

184  Vgl. ebd., S. 33f.
185  Ebd., S. 34.
186  Vgl. Werner, Johannes: Literarische als gesellschaftliche Form. S. 91.
187  Wagner, H. L.: *Die Kindermörderin*. S. 34.
188  Ebd., S. 35.
189  Ebd., S. 35.

die Tat geplant. Dass ihn sein schlechtes Gewissen nun quält, kann keinesfalls als Entlastung dienen, denn er wusste, dass er moralisch verwerflich handelt und hat es trotzdem nicht unterlassen. Evchen will er nur heiraten, ihre Ehre nur wiederherstellen, um sein Gewissen zu entlasten. Er „*muß*"[190] sie heiraten. Sogar im Druckbild ist das kleine Verb hervorgehoben. Sein Wille ist jetzt der Wiederherstellung von ruhigen Nächten und damit des beruhigten Gewissens unterworfen.

Doch auch die Geschlechterrolle des Mannes ist dem Ehrbegriff unterworfen. Von Gröningseck trifft noch eine besondere Variation des Ehrbegriffs, dem schon zitierten „esprit de corps".[191] Der Major gibt im Gespräch mit dem Magister einen eindeutigen Einblick in diesen ebenfalls desolaten Ehrbegriff.

> „[...] lieber das Leben als die Ehre verlohren. – Das Schavott macht nicht unehrlich, sondern das Verbrechen, und ein Verbrechen, wozu man gezwungen wird, ist kein Verbrechen mehr".[192]

Die Ehre steht also über dem eigenen Leben. So widerspricht es natürlich auch der Ehre, wenn man ein geschwängertes Mädchen heiraten muss, das nicht dem eigenen Stand angehört. Für von Hasenpoth ist es unverständlich, dass von Gröningseck sogar bereit ist, den Dienst zu quittieren, denn damit entsage er „allem"[193], wofür es sich für einen Adligen und Soldaten zu Leben lohnt. Die Zugehörigkeit zum Militär definiert hier also die Identität. So ist es auch zu verstehen, dass von Hasenpoth es als guten Dienst empfindet, die Heiratspläne zu unterminieren. Von Gröningsecks Sühne bezeichnet er dementsprechend als „überspannten Begriff[...] von Tugend".[194]

Zusammenfassend ist also festzuhalten, dass beide Geschlechterrollen durch einen Ehrbegriff definiert werden. Die Männerrollen definieren sich nach ihrem Stand und ihrem Beruf, aber auch nach der Ehre der Ehefrau und Tochter. Ein Fehlverhalten von Frau und Tochter beschädigen die eigene, aber besonders die Ehre des Hausvaters. Ebenfalls desolat ist die falsche Wahl der Ehegattin, wie im Fall von Evchen und von Gröningseck. Eine ehrschädigende Frau

---

190    Ebd., S. 44.
191    Ebd., S. 33.
192    Ebd., S. 42.
193    Ebd., S. 44.
194    Ebd., S. 45.

kann für den Mann also den sozialen und gesellschaftlichen Abstieg bedeuten.

## 5.4 Die Übermacht des Patriarchats

Es soll jetzt noch einmal an Kapitel 5.1 angeknüpft werden. Festgestellt wurde, dass Evchen nur zu einem autonomen, handelnden Subjekt werden kann, wenn sie ihr Leben dafür opfert. Allerdings wird ihr selbst das verleidet, da die Männer ihres sozialen Umfeldes sie retten wollen, womit sie wieder zum Objekt gemacht wäre.

> „Von männlicher Gewalt und gesellschaftlichen Normen, von inneren Zwängen und Selbstanklagen bis zur Auflösung ihrer Personalität getrieben, findet Evchen ihren letzten Bezugspunkt im selbstbestimmten Tod, mit dem sie sich der patriarchalischen Verfügungsgewalt von Bräutigam und Vater entziehen will. Doch nicht sie führt das letzte Wort".[195]

Von Gröningseck und der Magister wollen Gnade für Evchen erlangen, auch gegen ihren ausdrücklichen Willen: „Gnade für mich! Gröningseck! wo denken sie hin? – Soll ich zehntausend Tode sterben! – lieber heut als morgen".[196] Allerdings ist der Wille einer Frau nicht einmal erwähnenswert, wie auch die vorhergegangenen Kapitel zeigten. Die Schuld wird dem „Verräther"[197] von Hasenpoth und auch den Bällen zugeschrieben.[198] Dem wirklich Schuldigen, dem Vergewaltiger von Gröningseck, wird kein Vorwurf gemacht. Nur Evchen zeigt ihre Verachtung deutlich, da sie lieber sterben als mit von Gröningseck verheiratet werden will.

> „Evchen hat ihr Kind getötet und will nichts mehr, als selbst getötet werden. Doch selbst dieser Rest von Autonomie soll ihr genommen werden im Bemühen der Männer, eine Begnadigung zu erwirken. Noch die Akte vorgeblicher Fürsorglichkeit erweisen sich als Akte patriarchalischer Vereinnahmung, die ihr sogar den eigenen Tod rauben wollen".[199]

---

195 Saße, Günther: *Die Ordnung der Gefühle*. S. 223.
196 Wagner, H. L.: *Die Kindermörderin*. S. 84.
197 Ebd., S. 84.
198 Vgl. ebd., S. 85.
199 Saße, Günther: *Die Ordnung der Gefühle*. S. 223.

## 6. Jakob Michael Reinhold Lenz: „Die Soldaten"

Auch das Frauenbild in Lenz' Drama ist geprägt vom Ehrbegriff, von Tugend- und Moralnormen.

Allerdings muss auch ein Blick auf das Verhältnis von Frauen, Männern und dem Militär geworfen werden. Der Soldat hat eine exponierte Stellung innerhalb der Gesellschaft und das heute wie damals. Im 18. Jahrhundert war der Zugang zu Offiziersrängen fast ausschließlich Adligen vorbehalten. Die unteren Ränge waren dagegen oftmals die einzige Verdienstquelle für Menschen der Unterschicht. Ein Beispiel dafür liefert Georg Büchners „Woyzeck".[200]

Der Beruf oder die Berufung Soldat war über Jahrhunderte die Sache von Ehrenmännern. Im vorhergegangenen Kapitel wurde schon einmal kurz auf das Verhältnis von Ehre und Militär hingewiesen. So entwickelte sich ein ausgeprägter Ehrenkodex, der bis heute Bestand hat; man denke da zum Beispiel an die US-Marines. In einer Vielzahl von Filmen wurde dieser Kodex thematisiert.[201] Der besagte Ehrenkodex beinhaltet Folgendes: Es war und ist absolut verboten, Menschen zu töten, die sich nicht selbst verteidigen können.[202] Darunter sind Kinder, alte Menschen, unbewaffnete Soldaten und natürlich Frauen zu summieren. Es wäre utopisch zu behaupten, dass die Soldaten sich uneingeschränkt an den Kodex halten oder es jemals getan hätten. Wenigstens liegt ein ehrenhafter Gedanke zu Grunde. Spätestens seit dem Einsatz der ersten Atombombe ist klar, dass der Ehrenkodex in ursprünglicher Form nicht mehr existiert.

Gleichzeitig muss darauf hingewiesen werden, dass Frauen schon immer ein wichtiger Teil des Militärs und der Kriegsführung waren. Natürlich nicht als Kombatantinnen. Von den Römern weiß man, dass ihre Streitmacht von Prostituierten, Köchinnen, Pflegerinnen und Wäscherinnen begleitet war.[203] Die Armee selbst, der Kombatantenstatus war eine Bastion der Männlichkeit, die heute freilich wankt.

---

200 Vgl. Büchner, Georg: *Woyzeck*. Reclam. Stuttgart. 1999.
201 Vgl. zum Beispiel „Eine Frage der Ehre", „Full Metal Jacket", „Platoon" usw.
202 Vgl. Koepcke, Cordula: *Frauen im Wehrdienst. Erinnerungen von Ingeborg Hecht, Ruth Henry, Christa Meves und ein aktueller Diskussionsbeitrag von Cordula Koepcke.* Herderbücherei. Freiburg. 1982. S. 90f.
203 Vgl. Koepcke, Cordula: *Frauen im Wehrdienst.* S. 61.

Zur Lebzeit von Lenz allerdings stand diese Bastion noch unerschütterlich auf ihren Grundmauern. Die junge Marie wird in seinem Drama „Die Soldaten" zum Opfer von diesem Ehrenkodex, dessen Bestandteil es war, junge Bürgertöchter zu verführen und 'sitzen zu lassen'; dem Aufstiegswunsch des Vaters und dem repressiven Tugendbegriff, der es Frauen nicht gestattete, eine eigene Sexualität zu haben.

## 6.1 Das Frauenbild der Offiziere

„Eine Hure wird immer eine Hure, sie gerate unter welche Hände sie will [...]".[204] In dieser knappen Aussage ist eigentlich schon eindeutig klargestellt, was die Offiziere von den Frauen halten, mit denen sie sich amüsieren. Man muss aber deutlich sagen, dass den Offizieren nichts daran liegt, in ihrem Stand zu wildern. „[...] die Offiziere amüsieren sich, die Bürger sind nur Gegenstand ihrer Herrenmentalität, Illusionen darüber werden grausam bestraft".[205] Marie wird das noch erfahren, allerdings ist sie an ihrem gesellschaftlichen und sozialen Absturz nicht ganz unbeteiligt[206],wie noch gezeigt werden wird.

Im Disput mit dem Feldprediger Eisenhardt wird auch das Thema des Dramas deutlich hervorgehoben. Er kritisiert die Offiziere, die Unglück in Bürgerfamilien bringen, nur weil ihnen der Sinn danach steht. Für den Feldprediger liegt der Keim des Übels im Besuch der Komödien.

> „Aber werden ihm [dem Offizier] nicht in den neuesten Komödien die gröbsten Verbrechen gegen die heiligsten Rechte der Väter und Familien unter so reizenden Farben vorgestellt, den giftigsten Handlungen so der Stachel genommen, daß ein Bösewicht dasteht, als ob er ganz neulich vom Himmel gefallen wäre. Sollte das nicht aufmuntern, sollte das nicht alles ersticken, was das Gewissen aus der Eltern Hause mitgebracht haben kann. Einen wachsamen Vater zu betrügen, oder ein unschuldig Mädchen in Lastern

---

204 Lenz, J. M. R.: *Die Soldaten*. Reclam. Stuttgart. S. 12.
205 Stephan, Inge: *'Ein vorübergehendes Meteor'? J. M. R. Lenz und seine Rezeption in Deutschland*. Metzler. Stuttgart. 1984. S. 176.
206 Vgl. ebd., S. 176.

zu unterrichten, das sind die Preisaufgaben, die dort aufgelöst werden".[207]

Die Komödien also bringen die Offiziere auf dumme Gedanken und auf Listen, wie sie ihr Ziel erreichen können. Der Offizier Mary allerdings macht geltend, dass die Soldaten sich in den Komödien ausschließlich amüsieren wollen.[208] Der Prediger lässt sich nicht überzeugen.

Die Offiziere sehen in ihren Vergnügungen mit den Bürgermädchen keine moralisch verwerfliche Handlung. Es scheint, als erheben sie sogar den Anspruch, dass sich diese Mädchen geehrt fühlen sollten, wenn sie von einem Offizier verführt wurden. „Welche Familie ist noch je durch einen Officier unglücklich geworden? Daß ein Mädchen einmal ein Kind kriegt, das es nicht besser haben will".[209] Die Offiziere trifft nach dieser Argumentation keine Schuld. Das Mädchen allein ist die Verantwortliche. Es hat es so gewollt und auch bekommen. Der Feldprediger kann diese Argumentation freilich nicht gelten lassen. Haudys Spiel mit Bürgertöchtern bezeichnet er abwertend als „Meisterstücke[...]"[210] einer unehrenhaften Kunst.

> „[...] aber erlauben Sie mir, Ihnen zu sagen, eine Hure wird niemals eine Hure, wenn sie nicht dazu gemacht wird. Der Trieb ist in allen Menschen, aber jedes Frauenzimmer weiß, daß sie dem Triebe ihre ganze künftige Glückseligkeit zu danken hat, und wird sie die aufopfern, wenn man sie nicht drum betrügt".[211]

Eisenhardt wirft den Soldaten hier also die gezielte Täuschung ihrer Opfer vor. Für Frauen gibt es allerdings keine Alternativen. Sie sind Gattinnen und Töchter, niemals die Liebhaberin. Sie müssen die Triebe im Zaum halten, weil sie die Konsequenzen anderen Handelns fürchten oder sie für sie untragbar sind.[212]

---

207 Lenz, J. M. R.: Die Soldaten. S. 13f.
208 Vgl. ebd., S. 12.
209 Ebd., S. 12.
210 Ebd., S. 13
211 Ebd., S. 13.
212 Hallensleben, Silvia: 'Dies Geschöpf taugt nur zur Hure...'. Anmerkungen zum Frauenbild in Lenz' 'Soldaten'. In: Stephan, Inge: 'Unaufhörlich Lenz gelesen...'. Studien zu Leben und Werk von J. M. R. Lenz. Metzler. Stuttgart. 1994. S. 229.

Aber Haudy ist nicht verlegen. Er teilt sein Frauenbild in zwei Kategorien. Die erste Kategorie umfasst die ehrenhaften und ehrbaren Mädchen; im Drama werden sie „honett[...]"[213] genannt. Diese honetten Mädchen sind also nach seiner Argumentation gar nicht in Gefahr, verführt zu werden. Auch nicht durch die Komödienbesuche. So müssen ja logischerweise die Mädchen, die von Offizieren verführt werden, allesamt lasterhafte Mädchen sein. Das ist allerdings auch schwer zu glauben, denn die Offiziere selbst geben viel auf ihre eigene Ehre. Sie ernten keine Lorbeeren von den Kameraden, wenn sie sich mit einer Straßendirne in der Komödie sehen lassen. Die Offiziere sind also Ehrenmänner[214], aber die Mädchen sind unehrenhaft? Wie man an Maries Werdegang sieht, ist sie zu Anfang ja eines dieser honetten Mädchen. Als sie aber mit Desportes in der Komödie war, ist sie in den Augen der sozialen Umwelt eine „Alleweltshure".[215] Ein einziger Besuch im Theater reicht also aus, um die für Frauen lebenswichtige Tugend abgesprochen zu bekommen. Der Argumentation Haudys folgend, ist sie jetzt allerdings auch für die Verführung freigegeben. Hier muss wieder an den Ehrenkodex erinnert werden. Es ist ein Spiel unter Offizieren, junge Frauen zu verführen. Dieser Kodex wurde auch in Wagners Drama „Die Kindermörderin" nachgewiesen. Hier existiert er in derselben Form. Verführe sie, aber trage niemals Verantwortung dafür.

Das Amüsement wird von den Offizieren so auch als bedeutungslos eingeschätzt. So rät Haudy Stolzius, sich keine Gedanken um Desportes und Marie zu machen, denn Desportes sucht nichts, „als sich zu amüsieren".[216] Wörtlich übersetzt heißt das nichts anderes, als dass Desportes sich mit Marie vergnügt und Stolzius sie sozusagen aus zweiter Hand heiraten kann. Auch hier kann die Doppelmoral der Offiziere mit Händen gegriffen werden. Der Tuchhändler kann eine Frau heiraten, die keine Jungfrau mehr ist. Ob einer der Offiziere jedoch eine nicht-jungfräuliche Braut akzeptieren würde, ist mehr als fraglich. Für Desportes gilt, dass er Marie niemals heiraten wollte. Als sie aus der Obhut der Gräfin flieht und Desportes davon Kenntnis erlangt, heißt es nur knapp: „Wenn sie mir hierher

---

213  Vgl. Lenz, J. M. R.: *Die Soldaten*. z. B. S. 13.
214  Ebd., S. 13.
215  Ebd., S. 15.
216  Ebd., S. 17.

kommt, ist mein ganzes Glück verdorben – zu Schand und Spott bei allen Kameraden. [...] Mein Vater darf sie auch nicht sehen".[217]

Stolzius jedenfalls erhält durch Maries fragwürdige Berühmtheit unter den Offizieren regen Zulauf in seinem Geschäft. Der Prediger nennt die Offiziere „Jagdhunde die Witterung haben".[218] Wie Jagdhunde folgen die Offiziere also ihrem Instinkt und ihrem Trieb. Mädchen wie Marie sind die Beute und bleiben demnach auch auf der Strecke. Eisenhardt spricht davon, dass Marie durch das Kaffeehaus „durchgegangen"[219] sei. Wie der Leser oder Zuschauer bald erfahren wird, ist Marie nicht nur durch das Kaffeehaus gegangen. Sie geht auch durch die Hände der Offiziere.

Desportes, ganz und gar Offizier und Adliger, ist Maries bald überdrüssig geworden. Sein Spielzeug langweilt ihn. Mary soll jetzt weiter damit spielen.

> „Wenn ich den Mary recht verliebt in sie machen könnte, daß sie mich vielleicht vergißt. Ich will ihm schreiben, er soll nicht von meiner Seite kommen, wenn ich meine anbetungswürdige Marie werde glücklich gemacht haben, er soll ihr Cicisbeo sein, wart nur".[220]

Das einst begehrte Mädchen wird ihm lästig, da sie beginnt, die Einlösung seiner Versprechen zu fordern. Er hat ihr Geschenke gemacht[221], und es existiert sogar ein schriftliches Heiratsversprechen.[222] Man denke nun zurück an Eisenhardts Worte, der den Offizieren ja die Betrügereien vorwirft, denen sich Desportes schuldig machte.

Desportes macht Marie teure Geschenke, um an sein Ziel zu gelangen. Es muss kurz erwähnt werden, dass es in diesem Drama keine eindeutigen Hinweise auf geschlechtlichen Verkehr zwischen Marie und einem der Offiziere gibt. Lenz kaschiert das sehr geschickt. Man kann sich auch nicht darauf berufen, dass Marie von anderen Figuren, wie Stolzius' Mutter zum Beispiel, als Hure beschimpft wird. Das wurde sie ja bereits, als sie nur mit Desportes in der Komödie war. Allerdings ist stark zu vermuten, dass Marie sich zumindest

---

217  Ebd., S. 46.
218  Ebd., S. 18.
219  Ebd., S. 18.
220  Ebd., S. 37.
221  Vgl. ebd., S. 15ff.
222  Vgl. ebd., S. 32.

Desportes hingibt. Durch das Heiratsversprechen kann sie sich schließlich als abgesichert sehen. Es gäbe also aus ihrer Sicht keinen Grund, seinem Drängen oder seinen Wünschen nicht nachzugeben. Letztendlich sprechen auch die vielen Geschenke dafür, dass Marie wenigstens mit Desportes Sex hatte. Desportes macht aus den wegbereitenden Geschenken schließlich ein Kennzeichen von Maries verderbtem Charakter.

„Wie ich dir sage, es ist eine Hure vom Anfang an gewesen, und sie ist mir nur darum gut gewesen, weil ich ihr Präsente machte. Ich bin ja durch sie in Schulden gekommen, daß es erstaunend war, sie hätte mich um Haus und Hof gebracht, hätt' ich das Spiel länger getrieben".[223]

An dieser Stelle sei noch einmal kurz an die schon erwähnten Geschenke erinnert, die Frauen gemacht wurden, um damit die Verlobung zu besiegeln. Natürlich nimmt Marie die Geschenke an. Es ist zu verstehen, warum er die Geschenke gemacht hat und warum Marie sie angenommen hat. Es ist den Offizieren nun zu unterstellen, dass sie diese Konnotation von Geschenken gezielt ausnutzen, ebenso wie ungültige Hochzeitsversprechen. Niederträchtigkeit, Respektlosigkeit und Egoismus kennzeichnen das Verhalten der Offiziere gegenüber den Bürgertöchtern. Ihr Frauenbild ist gespalten. Die honetten Mädchen sind interessant, eben weil sie honett sind. Sind sie aber mit hinterlistigen Tricks übertölpelt, sind sie nicht mehr ehrbar und werden weitergereicht.

Marie ist lebenslustig und ihre erwachende Sinnlichkeit weckt Desportes' Interesse. Aber genau diese Ausstrahlung macht sie zum „Objekt männlichen Begehrens".[224]

## 6.2 Sexuelle Obsession und Triebbefriedigung

Marie wird so drastisch zu einem Objekt degradiert und instrumentalisiert, wie keine andere Frauenfigur aus den hier behandelten Dramen. Desportes macht sie zum Objekt seiner puren Triebbefriedigung, während ihr Vater sie zur Handelsware instrumentalisiert, um sie meistbietend zu verkaufen. Durch sexuelle Obsessionen in Form der respektlosen und egoistischen Triebbefriedigung und ih-

---

223 Ebd., S. 52.
224 Pautler, Stefan: *J. M. R. Lenz. Pietistische Weltdeutung und bürgerliche Sozialreform im Sturm und Drang.* Kaiser. Gütersloh. 1999. S. 218.

rer, wie auch ihres Vaters Aufstiegswünsche wird Marie zum reinen Objekt und schließlich zum sozialen Ruin heruntergewirtschaftet.

„Da laufen sie in alle Aubergen und in alle Kaffeehäuser, und erzählen sich, und eh' man sich's versieht, wips ist ein armes Mädel in der Leute Mäuler".[225] Vater Wesener fürchtet um die Ehre und das Ansehen seiner Tochter, wenn er das junge Mädchen mit dem Baron Desportes die Komödie besuchen lässt. Was aus den jungen Frauen wird, die sich auf die Spiele der Offiziere einlassen, wird deutlich. Der soziale Abstieg droht schnell, wenn Gerüchte sich erst einmal verbreiten. Das Drama selbst verdeutlicht es. Marie zeigt sich öffentlich mit dem Baron im Theater, und sofort leidet ihr Ruf.[226] Dann wird sie weitergereicht an einen anderen Offizier, was ihrer Ehre noch mehr schadet[227] und so setzt eine Abwärtsspirale ein.

Maries Sinnlichkeit ist noch unverfälscht, und sie empfindet sie nicht als Bedrohung.[228] Sie lebt sie aus und kokettiert damit. Desportes winkt sie immer wieder heimlich zu, als dieser beim Vater Schmuck auswählt.[229] Sie wirkt in diesem Spiel unbeschwert, was ihren Reiz auf Desportes erhöht. Allerdings entwirft sie so auch ein falsches Bild von sich. Marie ist niemals die verführte Unschuld, wie sie oft in den Dramen des Sturm und Drang vorgeführt wurde. Es scheint, als wolle sie ihre Sinnlichkeit leben und sich nicht in die strenge Tugendmoral fügen. In der dritten Szene des zweiten Aktes flirtet Marie vor den Augen ihrer Freundin mit Desportes, und sie hat ganz offensichtlich Spaß daran. Die Szene wurde oben bereits zitiert, da sie einen absoluten Gegensatz zur Vergewaltigung Evchens bildet. Marie hat Freude an ihrer Lust und zeigt es. Ihre Umwelt denkt und wertet in den Kategorien von Tugend vs. Untugend; Marie dagegen nicht.[230]

> „Weibliche Sexualität wird in dieser Funktionalisierung aufgespalten in die Polarisierung Heilige/Hure, die Bedrohung durch Mächte, die der Kontrolle der bürgerlichen Vernunft nicht unterworfen werden konnten, wurde gebannt im Bild weiblicher Tugend, und das heißt hier: unversehrter Jungfräulichkeit. [...] Der Körper der Frau ist hierbei Objekt, Pro-

---

225 Lenz, J. M. R.: *Die Soldaten*. S. 10.
226 Vgl. ebd., S. 15ff.
227 Vgl. ebd., S. 29ff.
228 Pautler, Stefan: *J. M. R. Lenz*. S. 218f.
229 Vgl. Lenz, J. M. R.: *Die Soldaten*. S. 7f.
230 Vgl. Hallensleben, Silvia: *'Dies Geschöpf taugt nur zur Hure'*. S. 230.

jektion. Die sexuellen Lüste, Bedürfnisse und Praktiken der wirklichen Frauen kommen nicht vor, ganz im Gegenteil: sie werden kategorisch ausgeschlossen".[231]

Marie kommt es gar nicht in den Sinn, zur Rettung ihrer Tugend freiwillig in den Tod zu gehen. Ihre Sinnlichkeit ist keine Bedrohung ihrer Existenz. Sie bereut ihre Handlungen nicht. Sie hebt die Opposition von Hure und Heiliger für sich selbst auf. Selbst zum Ende des Dramas, als Marie bereits sozial gesehen am Boden liegt, wirft sie das trockene Brot lieber weg. Der Traum vom gesellschaftlichen Aufstieg und damit von einem gewissen Maß an sinnlicher Autonomie, was ihr Desportes ermöglicht hat, wirkt sich auf ihr gesamtes Handeln aus.

> „Ich habe immer geglaubt, daß man von Brot und Wasser allein leben könnte. *(Nagt daran.)* O hätt' ich nur einen Tropfen von dem Wein, den ich so oft aus dem Fenster geworfen – womit ich mir in der Hitze die Hände wusch – [...] Ich kann's nicht essen, Gott weiß es. Besser verhungern".[232]

Marie ist das krasse Gegenteil zu Emilia Galotti. Emilia fürchtet die eigene Sinnlichkeit als existenzielle Bedrohung und erzwingt ihren eigenen Tod, um sich davor zu schützen.[233]

Es scheint, als sei die Figur der Marie Lenz' Versuch, weder eine Schuldige, also eine Hure, noch ein Opfer, also eine Heilige, darzustellen. Marie ist der Versuch, einen Menschen darzustellen, mit allen Schwächen. Ein Opfer ist Marie jedenfalls nicht, denn ihre Beteiligung an Handlungen, die zu Lasten ihrer Tugend gehen, ist nicht zu bestreiten. Eine Hure wird sie trauriger Weise schlussendlich doch. „Ihr lüderliche Seele! schämt Ihr Euch nicht, einem honetten Mann das zuzumuten? Geht, lauft Euren Soldaten nach".[234] Weil Marie überlebt, weil sie sich nicht für die Tugend opfert, ist sie am Ende zur Hure geworden.[235] Die Alternative der sinnlichen und doch ehrenwerten Frau gelingt nicht. Marie wird in die Rolle der Hure gedrängt, denn „[...] die Alternative zwischen der Frau als Hu-

---

231 Ebd., S. 226.
232 Lenz, J. M. R.: *Die Soldaten*. S. 52.
233 Vgl. Lessing, G. E.: *Emilia Galotti*. 5. Akt.
234 Lenz, J. M. R.: *Die Soldaten*. S. 55.
235 Hallensleben, Silvia: *'Dies Geschöpf taugt nur zur Hure'*. S. 227.

re und der Frau als Opfer wird nicht überschritten".[236] Auch der Feldprediger Eisenhardt überschreitet diesen Rahmen nicht.

> „Im Zentrum der Rede [vgl. Akt 1, Szene 4 bei Lenz] steht die Frage nach der Verantwortung für den 'Sündenfall': Ist die verführte Frau Opfer von Betrug und Gewalt, oder ist sie selbst schuld, die Ursache für ihren Fall in ihrem Charakter angelegt".[237]

Die Soldaten, allen voran Desportes, sehen Marie längst als Hure und fragen nicht einmal nach der Verantwortung. Für Desportes war sie ein interessantes Spielzeug, dessen er schnell überdrüssig wurde. Marie ist für ihn nur noch ein Objekt. Wie alte Stiefel vermacht er sie seinem Jäger.

> „Nun mein Jäger ist ein starker robuster Kerl, die Zeit wird ihnen schon nicht lang werden auf einer Stube allein. Was der nun aus ihr macht, will ich abwarten, *(lacht höhnisch)* ich hab ihm unter der Hand zu verstehen gegeben, daß es mir nicht zuwider sein würde".[238]

Marys Einspruch, ein solches Verhalten sei „malhonett"[239], schmettert Desportes so leichtfertig ab, als habe der Kamerad ihm vorgeworfen, eine Ratte zertreten zu haben. „Was malhonett, was willst du – Ist sie nicht versorgt genug, wenn mein Jäger sie heuratet? Und für so eine".[240] Marie hat ihren Zweck für Desportes erfüllt, und somit kann sie wieder in ihren eigenen Stand hinuntergestoßen werden. Selbst für den Jäger scheint sie Desportes Meinung nach nur gerade gut genug zu sein. Marie ist damit am Ende angekommen. Ihre Suche nach ein wenig Autonomie wurde von dem Mann beendet, der sie ihr zu Anfang verschafft hat.

> „Sie beginnt andere, eigene Interessen zu verfolgen, auch hinter dem Rücken der geliebten Autorität, des Vaters. Diese teilweise Befreiung ist allerdings ambivalent: auf dem Weg zur Verwirklichung ihrer Lüste begibt sie sich in neue Abhängigkeiten: sie ist in keinster Weise souverän. In der Verfolgung ihrer erotischen Ziele macht sie sich zum Objekt der Offiziere, biedert sich an, schmeichelt, kokettiert".[241]

---

| | | |
|---|---|---|
| 236 | Ebd., S. 230. | |
| 237 | Ebd., S. 228. | |
| 238 | Lenz, J. M. R.: *Die Soldaten*. S. 52f. | |
| 239 | Ebd., S. 53. | |
| 240 | Ebd., S. 53. | |
| 241 | Hallensleben, Silvia: *'Dies Geschöpf taugt nur zur Hure'*. S. 232. | |

Die Anlage zur Figur der jungen Frau mit sexuellen Lüsten trägt Marie in sich, aber diese Anlage wird im Keim erstickt. Ihr mangelt es an Souveränität. Den Sprung zum autonomen Individuum schafft sie nicht, obwohl sie sich nicht mehr über die Kategorie Ehre definiert, denn dann wäre sie wieder entweder Opfer oder Hure. Die Anschuldigungen ihrer sozialen Umwelt scheinen ja regelrecht an ihr abzuprallen.[242] Doch das Wichtigste fehlt ihr: Sie ist kein Subjekt. Sie klammert sich an den Vater und später an die Offiziere, die ihr eine Identität mittels Hochzeit geben sollen.

Aber wie hätte sie auch eine eigene Identität erlangen sollen? In der Rolle der Frau ist es nicht vorgesehen, dass sie ein Subjekt wird und sich selbst definiert. Sie wird von den Männern definiert. Sie ist Tochter, verführenswertes Mädchen, Geliebte, Hure, „Sauleder"[243] und sogar „Knochen".[244]

> „Die weibliche Tugend wird entnaturalisiert: Es sind nicht nur die bösen Männer und die sozialen Umstände, die eine Frau zur Hure machen, sondern der Begriff der Hure wird gezeigt als fragwürdiges Konstrukt des herrschenden Diskurses".[245]

In die Rolle der Gattin hat Marie es nicht mehr geschafft. Das Stigma der Hure haftet an ihr und macht sie für alle Menschen untragbar, die dieses Stigma nicht ebenfalls tragen. Der Weg nach unten, zur bettelnden Straßendirne, ist nur ein paar Männer lang. Lenz macht das in diesem Drama mehr als deutlich. Von Trieben und Lüsten gelenkt, macht ein Offizier ein junges Mädchen zum Objekt seiner Begierden. Die soziale Katastrophe nimmt ihren Lauf. Die Gesellschaft brandmarkt Marie, als Hure und selbst, wenn Marie keinen sexuellen Verkehr mit Desportes oder einem der anderen Offiziere hätte, wäre es unmöglich ihre Ehre zu retten, da sie mit Desportes im Theater war. Wie schon erwähnt, ist es nur zu spekulieren, ob Marie tatsächlich außerehelichen Sex mit einem der Offiziere hatte. Allerdings lenkt ihr sehr kokettes Verhalten den Verdacht des Lesers in eindeutige Bahnen.

Andererseits, wozu sind Huren da? Man bezahlt sie, benutzt sie und reicht sie weiter. Marie ist das Objekt männlichen Begehrens par ex-

---

242 Vgl. ebd., S. 234.
243 Lenz, J. M. R.: *Die Soldaten*. S. 53.
244 Ebd., S. 53.
245 Hallensleben, Silvia: *'Dies Geschöpf taugt nur zur Hure'*. S. 235.

cellence. Desportes sexuelle Obsession liegt damit auch in der reinen Objektivierung von Marie zwecks Triebbefriedigung begründet. Dass sie seinem Begehren freiwillig folgt, ändert an dieser Sachlage nichts. Desportes steht von Gröningseck in nichts nach. Beide Figuren wollen uneingeschränkt, rücksichtslos und egoistisch die Befriedigung ihrer Triebe erlangen. Von Gröningseck allerdings ist nichts anderes als ein Vergewaltiger in gutem Rock. Desportes ist einen Schritt weiter und gibt sein Spielzeug zur Vergewaltigung frei.

Desportes opfert Marie seinen Lüsten. Ihr Schicksal interessiert ihn nicht. Marie ist in den Augen der Offiziere nichts als eine schöne, aber leere Hülle. Sie ist ein Objekt und als solches unterliegt sie den Männern.

### 6.3 „Soldatenmensch"[246]: Marie als Objekt

Maries Vater bildet die Opposition zu Desportes' Objektivierung. Er will sein Kind möglichst teuer verkaufen. Der gesellschaftliche Aufstieg soll so erreicht werden. Marie folgt seinen Aufstiegswünschen und kann sich schließlich davon nicht mehr lossagen.

Die Bedrohung der bürgerlichen Familie, die von außen in Person der Offiziere kommt, kann nur dadurch um sich greifen, da die Familie im Inneren geschwächt ist. Vater Wesener kann seine Autorität nicht einsetzten, um die Familie zu schützen. Dem Aufstiegsgedanken des Bürgertums verhaftet, verfällt er dem Glauben, er könne seine Tochter in einen höheren sozialen Stand verheiraten. Im Gegensatz zu Wagners Drama „Die Kindermörderin" ist es hier nicht die naive und eitle Mutter, sondern der Hausvater selbst, der die Tochter zum Umgang mit Desportes ermuntert.[247] Vor der Familie bestraft er Marie für ihren unerlaubten Ausflug in die Komödie[248], doch anschließend ist er es selbst, der Marie glauben macht, sie könne die Frau eines Adligen werden.

> „Laß mich nur machen, ich weiß schon, was zu deinem Glück dient, ich hab länger in der Welt gelebt, als du, mein' Tochter, und du kannst nur immer allesfort mit ihm in die Komödie gehn, nur nimm jedesmal die Madam Weyher mit, und laß dir nur immer nichts davon merken, als ob ich da-

---

246 Lenz, J. M. R.: *Die Soldaten*. S. 35.
247 Vgl. Sorensen, B. A.: *Herrschaft und Zärtlichkeit*. S. 151f.
248 Vgl. Lenz, J. M. R.: *Die Soldaten*. S. 14f.

von wüßte, sondern sag nur, daß er's recht geheimhält, und daß ich sehr böse werden würde, wenn ich's erführe".[249]

Der Hausvater erfüllt seine Pflichten nicht. Der Beschützer von Haus und Familie macht sich selbst zum Kuppler. Als Angehöriger des Handelsbürgertums versucht Wesener, Maries Anziehungskraft als Kapital gewinnbringend, also zum Zweck des sozialen Aufstiegs, einzusetzen.[250] So gibt er seiner Tochter die Erlaubnis, die eigenen Wünsche nach sozialem Aufstieg auszuleben. Denn schon zu Beginn des ersten Aktes äußert sie Ängste vor der Beklemmung in der engen Bürgersstube: „Ja, das läßt sich der Papa nicht ausreden, und ich krieg doch so bisweilen so eng um das Herz, daß ich nicht weiß, wo ich vor Angst in der Stube bleiben soll".[251] Maries freimütige Antwort auf die Vorwürfe von Desportes, dass der Vater die Töchter nur im Hause behalte[252], unterläuft die Verhandlungstaktik vom alten Wesener. Es geht im Gespräch mit Desportes weniger um die Zitternadel als um Marie. Hier, wie auch in der bereits zitierten Szene nach dem Komödienbesuch, glaubt Wesener, die Situation mit seinem kaufmännischen Geschick kontrollieren zu können.[253] Aus diesem Grund ermutigt er Marie: „Kannst noch einmal gnädige Frau werden, närrisches Kind".[254]

Seine Marie will aber vor allen Dingen eins: Freiheit, Autonomie und Flucht aus der beklemmenden Enge der bürgerlichen Lebenswelt.[255] Als der Vater im ersten Akt noch seiner Funktion als Beschützer der Familie nachkommt, empfindet Marie das als belastende Bevormundung. Sie hat noch nicht die Konfirmation oder Kommunion erhalten[256], ist also noch ein junges Mädchen um das 14. Lebensjahr[257], aber schon fordert sie die Souveränität über ihr Leben, die einer Frau in dieser Zeit gar nicht zusteht. „Wenn Er mich doch nur wollte für mich selber sorgen lassen. Ich bin doch kein klein Kind mehr".[258] Ihr Wunsch nach Freiheit wächst über die ihr zuge-

---

249 Ebd., S. 16.
250 Vgl. Pautler, Stefan: *J. M. R. Lenz*. S. 234.
251 Lenz, J. M. R.: *Die Soldaten*. S. 8.
252 Vgl. ebd., S. 8.
253 Vgl. Pautler, Stefan: *J. M. R. Lenz*. S. 236f.
254 Lenz, J. M. R.: *Die Soldaten*. S. 16.
255 Vgl. Stephan, Inge: 'Ein vorübergehendes Meteor'. S. 169.
256 Vgl. Lenz, J. M. R.: *Die Soldaten*. S. 9.
257 Vgl. Pautler, Stefan: *J. M. R. Lenz*. S. 218.
258 Lenz, J. M. R.: *Die Soldaten*. S. 10.

dachte Sphäre heraus. Desportes ist für sie ein Objekt, das ihr diese Freiheit garantieren kann. Marie ist das Objekt der Triebbefriedigung, eine Ware des Vaters. Aber sie selbst macht die Offiziere zu Objekten. Als Desportes sie verlässt, kann sie nicht mehr zurück in ihren beengten Stand und zu Stolzius[259]; sie sucht sich andere Garanten für ihre Freiheit.[260] Marie liebt keinen der Adligen.

Maries Umgang mit ihrer Freundin Jungfer Zipfersaat zeigt deutlich, dass ihr der Platz an der Seite des adligen Mannes gefällt.[261]

> „Am Punkt, wo das Geschehen umkippt, wo Marie ihr Höchstmaß an Ausgelassenheit erreicht hat, setzt das dunkle Lied der alten Großmutter einen scharfen Akzent. Ohne zu Moral zu greifen, schildert es den Einschnitt, den das Erwachsenwerden für ein Mädchen bedeutet, das traurige Schicksal, welches Marie auch dann droht, wenn sie brav in der engen Stube bleibt".[262]

Es macht die Enge des bürgerlichen Lebens deutlich, und der Leser kann Maries Ausbruchsversuch nachvollziehen.

> *„Was lächelst so froh mein liebes Kind,*
> *Dein Kreuz wird dir'n schon kommen.*
> *Wenn's heißt, das Rösel aus Hennegau*
> *Hab' nun einen Mann genommen".*[263]

Marie weiß, was sie erwartet. Sie hat es ja auch am Leben der Mutter miterleben können. Ihr bleibt nur die Möglichkeit, sich selbst zum Objekt zu machen, vom Vater gleichermaßen wie von den Offizieren.

Wie der Vater, schürt auch Desportes Maries Hoffnungen, nicht die Gattin eines Bürgers werden zu müssen. „Sie sind für keinen Bürger gemacht"[264], heißt es von dem Offizier. Als Marie an der Aufrichtigkeit dieses Satzes zweifelt und ihn an seine Familienehre erinnert, antwortet er knapp, aber versichernd: „Das ist meine Sorge".[265] Man ist geneigt, ihm zu glauben. Er antwortet im Präsens und nicht im Futur: Es wird meine Sorge sein. Es verwundert nicht, dass Marie

---

259  Vgl. ebd., S. 17 und 31f.
260  Vgl. Stephan, Inge: *'Ein vorübergehendes Meteor'*. S. 169.
261  Vgl. Lenz, J. M. R.: *Die Soldaten*. S. 26.
262  Hallensleben, Silvia: *'Dies Geschöpf taugt nur zur Hure'*. S. 232.
263  Lenz, J. M. R.: *Die Soldaten*. S. 26.
264  Ebd., S. 25.
265  Ebd., S. 25.

Hoffnung schöpft und kurz darauf aus der Kammer „*Geschrei und Gejauchz*"[266] zu hören sein wird. Doch Desportes spielt ein anderes Spiel. Als sie aus der Obhut der Gräfin flieht, bedeutet sie für den Offizier nur „Schand und Spott".[267]

Als die Gräfin sich Maries annimmt, ist sie im Sinne der bürgerlichen Tugendmoral bereits entehrt und als Hure stigmatisiert, auch durch die eigene Familie.[268] Desportes, Mary und auch der junge Graf haben sie verlassen.[269] Das Hilfsangebot der Gräfin ist zwecklos. Marie kommentiert es knapp: „Gnädige Frau - es ist zu spät".[270] Ein kurzer Satz, in dem sich ihr ganzes Dilemma offen legt. Sie kann ihren Autonomiewunsch nicht mehr aufgeben[271], deshalb flieht sie auch aus der Obhut der Gräfin. Im Hause der Gräfin würde sie dem Kreuz der Enge nicht entkommen. Es ist nicht mehr möglich, dass sie ihren Weg in die bürgerliche Stube mit der Tugendmoral zurückfindet.

> „Ich weiß nicht, ob ich dem Mädchen ihren Roman fast mit gutem Gewissen nehmen darf. Was behält das Leben für Reiz übrig, wenn unsre Imagination nicht welchen hineinträgt, Essen, Trinken, Beschäftigungen ohne Aussicht, ohne sich selbst gebildetem Vergnügen sind nur ein gefristeter Tod. Das fühlt sie auch wohl, [...]".[272]

Auch die Gräfin bemerkt, dass Marie sich nicht mehr in die unterwürfige, häusliche und tugendhafte Frauenrolle fügen kann. Jetzt folgt allerdings nur noch der soziale Abstieg.

> „Aus der bürgerlichen Welt wird sie mit ihrem Lebensanspruch hinausgedrängt, die adlige Welt bietet ihr die vermeintliche Realisierungschance für ihren utopischen Ganzheitsanspruch. [Maries] Autonomiestreben kollidiert so mit der widerstrebenden Wirklichkeit".[273]

Marie hat ihren Wert als Ware verloren. Die Verkaufsstrategie des Vaters ist nicht aufgegangen. Sie hat sich zum Objekt von Begierden

---

266   Ebd., S. 26.
267   Ebd., S. 46.
268   Ebd., S. 35.
269   Ebd., S. 39ff.
270   Ebd., S. 42.
271   Vgl. Stephan, Inge: 'Ein vorübergehendes Meteor'. S. 170.
272   Lenz, J. M. R.: *Die Soldaten*. S. 46.
273   Pautler, Stefan: *J. M. R. Lenz*. S. 218.

und Träumen gemacht und machen lassen, so dass sie am Ende nur noch der Gegenstand von Beschimpfungen ist.[274] Den gesellschaftlichen Aufstieg hat Marie nicht geschafft, nur den Abstieg. Der verschuldete und entehrte Vater hat sich nicht geändert, denn er hat seine standesgebundene Arroganz beibehalten und äußert es deutlich.[275]

> „Die (auch sexuellen) Bedürfnisse und Interessen der Frauen sind nicht von Belang; die an der Debatte Beteiligten interessieren sich für das konkrete Schicksal Maries nur in Hinsicht auf dessen Bedeutung für die soziale Ordnung".[276]

Sie bleibt, was sie ist; nämlich ein Objekt. Maries Ausbruchsversuch aus Normen und Konventionen endet somit kläglich.

## 6.4 Die Frau als Ware

Lenz bietet in der letzten Szene seines Dramas einen Lösungsvorschlag für das Problem der Triebabfuhr bei den ehelosen Soldaten an. Wenige Frauen sollen geopfert werden, um all die anderen vor Übergriffen zu schützen. Beide Fassungen der Szene sollen hier berücksichtigt werden.

Das Frauenopfer für die Tugend, wie es noch Emilia Galotti mit ihrem Leben geleistet hat[277], bleibt in diesem Drama ausgespart. Allerdings kann man es indirekt doch geleistet sehen, wenn man die Schlussszene betrachtet, denn die Prostituierung einiger Frauen zum Schutz der Allgemeinheit kann als solches Opfer für die Tugend verstanden werden.[278]

Als Folge der Ehelosigkeit der Soldaten bleiben Mädchen wie Marie auf der Strecke. Der Obrist Graf von Spannheim verurteilt in dieser letzten Szene die Handlungen von Desportes scharf; er nennt den Offizier sogar „Bösewicht".[279] Für Marie und ihre Familie hat er nur warme Worte übrig und will sein Möglichstes tun, um zu helfen.[280]

---

274 Vgl. Lenz, J. M. R.: *Die Soldaten*. S. 54f.
275 Vgl. Stephan, Inge: 'Ein vorübergehendes Meteor'. S. 172.
276 Hallensleben, Silvia: *'Dies Geschöpf taugt nur zur Hure'*. S. 229.
277 Lessing, G. E.: *Emilia Galotti*. S. 151ff.
278 Vgl. Hallensleben, Silvia: *'Dies Geschöpf taugt nur zur Hure'*. S. 229.
279 Lenz, J. M. R.: *Die Soldaten*. S. 56.
280 Vgl. ebd., S. 55ff.

Zu Anfang des Dramas war seine Rede noch anders. „Welche Familie ist noch je durch einen Officier unglücklich geworden? Daß ein Mädchen einmal ein Kind kriegt, das es nicht besser haben will".[281] Er ergreift Partei für die Offiziere im Streit mit dem Feldprediger. Als sich der Streit, auf den weiter oben bereits ausführlich hingewiesen wurde, zu Handgreiflichkeiten auszuweiten droht, greift der Obrist ein und tadelt Eisenhardt: „Aber Sie gehen auch zu weit, Herr Eisenhardt, mit alledem. Es ist kein Officier, der nicht wissen sollte, was die Ehre von ihm fordert".[282] Desportes widerlegt diese Regel.

In der Druckfassung ist es der Obrist, der den fragwürdigen Reformvorschlag macht.

> „Ich sehe die Soldaten an wie das Ungeheuer, dem schon von Zeit zu Zeit ein unglückliches Frauenzimmer freiwillig aufgeopfert werden muß, damit die übrigen Gattinnen und Töchter verschont bleiben".[283]

Die Frage, die sich hier aufdrängt, ist, ob die Frauen sich selbst freiwillig opfern oder ob der Staat sie freiwillig opfert. Opfern sie sich oder werden sie geopfert? Aktivität oder Passivität? Es scheint damit wohl eher der Staat gemeint zu sein. Letztendlich wird die einzige Existenzberechtigung der Frau auch in diesem Zusammenhang auf sexuelle Objektivität beschränkt. Sie dient als Angehörige einer „Pflanzschule von Soldatenweibern"[284] der reinen Triebabfuhr und der Reproduktion für den Soldatenstand.[285] Das ist die reinste Form von Verachtung der Menschenwürde. Die Gräfin kann auf diesen Vorschlag nur einwenden, dass sich eine ehrenvolle Frau wohl kaum zu so einer Aufgabe durchringen könne.[286] Aber ein solch simples Argument lässt der Obrist nicht gelten. Er hat die Antwort.

> „Amazonen müßten es sein. Eine edle Empfindung, deucht mich, hält hier der andern die Waage. Die Delikatesse der

---

281 Ebd., S. 12.
282 Ebd., S. 13.
283 Ebd., S. 56.
284 Ebd., S. 56
285 Vgl. Wilson, W. Daniel: *Zwischen Kritik und Affirmation. Militärphantasien und Geschlechterdisziplinierung bei J. M. R. Lenz.* In: Stephan, Inge u. a. (Hrsg.): *'Unaufhörlich Lenz gelesen...'. Studien zu Leben und Werk von J. M. R. Lenz.* Metzler. Stuttgart, Weimar. 1994. S. 59.
286 Vgl. Lenz, J. M. R.: *Die Soldaten.* S. 56.

weiblichen Ehre dem Gedanken, eine Märtyrerin für den
Staat zu sein".[287]

Allerdings zeichnet sich ein Märtyrer doch insbesondere dadurch aus, dass er oder sie als jemand stirbt, der um keinen Preis seinen Glauben oder seine Ideale aufgeben will. Dieser Vergleich hinkt also, besonders, wenn man bedenkt, dass die Gefahr der Sexualität durch die Prostitution kanalisiert werden soll, um höherwertige Frauen zu schützen.[288] Damit kann also unmöglich gemeint sein, dass eine Frau zur Soldatenprostituierten aus Berufung wird.

Die Gräfin kann den Reformvorschlag des Obristen nur schwach kritisieren: „Wie wenig kennt ihr Männer doch das Herz und die Wünsche eines Frauenzimmers".[289] Doch der Obrist glaubt indes, die Wünsche zu kennen und versichert: „Freilich müßte der König das Beste tun, diesen Stand glänzend und rühmlich zu machen".[290] Dass dieser Vorsatz absolut unmöglich ist, ist klar. Die Prostitution ist keine neue Erfindung des 18. Jahrhunderts, und die Prostituierten zählten nicht zu den ehrenvollen Menschen. Es ist utopisch, die Soldatenhure als ehrenvolle Frau zu etablieren. Die Tugendmoral des Bürgertums ist zu statisch und zu rigide, um eine solch drastische Neuerung zu akzeptieren und zu verinnerlichen. Des Weiteren ist es auch utopisch zu glauben, die Offiziere würden nach der Erschaffung von Soldatenbordellen, wie sie hier vorgeschlagen werden, aufhören, Bürgerstöchtern nachzustellen, ebenso wenig wie der Aufstiegswunsch aus den Köpfen der Bürgerstöchter zu entfernen wäre.[291]

In der ersten Fassung dieser Szene allerdings ist es die Gräfin, eine Frau, die den Reformvorschlag macht, einige Frauen zum Wohl aller anderen zu opfern.[292] Dass diesen Frauen dann für ihr Opfer auch Ehre zuteil werden soll, davon spricht in der ersten Fassung niemand. Der Obrist charakterisiert die Frauen als Prostituierte, die mit in den Kampf ziehen sollen, um die Soldaten anzufeuern.

„Der König müßte dergleichen Personen besolden, die sich
auf die Art dem äußersten Bedürfnis seiner Diener aufop-

---

287 Ebd., S. 56.
288 Vgl. Pautler, Stefan: *J. M. R. Lenz.* S. 243.
289 Lenz, J. M. R.: *Die Soldaten.* S. 56.
290 Ebd., S. 56.
291 Vgl. Pautler, Stefan: *J. M. R. Lenz.* S. 249.
292 Vgl. Lenz, J. M. R.: *Die Soldaten.* S. 59.

ferten, denn kurzum, den Trieb haben doch alle Menschen, dieses wären keine Weiber, die die Herzen der Soldaten feig machen könnten, es wären Konkubinen, die allenthalben in den Krieg mitzögen [...]".[293]

Das Berufsbild der Prostituierten ist hier deutlich angelegt. Zum einen wäre da auf die Bezahlung hinzuweisen. Des Weiteren aber wird hier ausdrücklich erwähnt, dass es sich um Triebbefriedigung, nicht um Gefühle handelt. Schließlich werden diese Frauen als Konkubinen bezeichnet, was diesem gesamten Reformvorschlag insgesamt ein negatives Licht verleiht.

Die Gräfin jedenfalls ist von der Idee des Obristen begeistert. „Oh, daß sich einer fände, diese Gedanken bei Hofe durchzutreiben! Dem ganzen Staat würde geholfen sein".[294] Dem ganzen Staat, bis auf die bedauernswerten Opfer dieser Reform. Allerdings bleibt die Ständeordnung dabei unangetastet.

> „Eine obrigkeitlich verordnete und regulierte Sexualitätssteuerung, die das Sexualleben auf vermeintlich sozial unschädliche Bereiche beschränken will, stellt für Lenz die ultima ratio dar".[295]

Zum Abschluss sei noch kurz an Marie erinnert. In der ersten Fassung der Schlussszene macht die Gräfin deutlich klar, dass der gesellschaftliche Absturz auch Maries eigene Schuld war. „Ich habe alles getan, das unglückliche Schlachtopfer zu retten – sie wollte nicht".[296] Der Obrist weist außerdem darauf hin, dass Maries gesellschaftliches und soziales Leben vorbei ist. „Ihre Ehre ist hin, kein Mensch darf sich, ohne zu erröten, ihrer annehmen".[297] Marie liefert hier das traurige Exempel, durch das dann die Degradierung viele Frauen zu Lustobjekten der Soldaten gerechtfertigt wird. Es ist sozusagen der Entwurf einer schönen neuen, alten Welt.

---

293　Ebd., S. 59.
294　Ebd., S. 59.
295　Pautler, Stefan: *J. M. R. Lenz*. S. 250.
296　Lenz, J. M. R.: *Die Soldaten*. S. 58.
297　Ebd., S. 58.

# 7. Georg Büchner: „Woyzeck"

Bei Woyzeck und seiner Marie liegt der Fall anders. Die Ehre ist bereits hin. Marie hat ein uneheliches Kind von ihm. Alle drei leben am Rande der Gesellschaft. Auch Marie erliegt der klägliche Hoffnung auf ein besseres Leben, als sie eine Affäre mit dem Tambourmajor beginnt. Die Katastrophe nimmt ihrem Lauf, als Woyzeck sich um sein geliebtes Objekt gebracht sieht. Trotz allem zeichnet sich hier ein anderes Bild als in den vorhergegangenen Dramen. Not und Armut kollidieren mit den ideellen Tugendansprüchen der oberen Schichten.

## 7.1 Leben am Rande der Gesellschaft

> „Den sozialen Wert und Status des einzelnen bestimmten [...] nicht sein individuelles Können, seine Fähigkeiten, sosehr diese innerhalb seines Standes durchaus zählten, sondern seine Standeszugehörigkeit als Adliger, Bürger oder Bauer. Seine soziale Ehre war die seines Standes".[298]

Woyzecks Wert und Status in der sozialen Umwelt ist dieser Definition nach nicht besonders hoch. Er ist Soldat in den niederen Rängen, hat ein uneheliches Kind und bietet seinen Körper einem Doktor zu Versuchen an.[299] Sein soziales Umfeld setzt sich vorwiegend aus Fußsoldaten, dem Wirtshaus- und Prostituiertenmilieu zusammen.[300] Auch seine Lebensgefährtin Marie ist sozial gesehen wenig geachtet. Sie hat ein uneheliches Kind und den Vater noch immer nicht geheiratet.[301]

Der Hauptmann, unter dessen Befehlsgewalt Woyzeck steht, wird demnach auch nicht müde, Woyzeck daran zu erinnern, dass sein Untergebener ein unmoralischer Mensch sei. „Woyzeck, Er ist ein guter Mensch – aber *(mit Würde)* Woyzeck, Er hat keine Moral! Moral das ist, wenn man moralisch ist, versteht Er. Es ist ein gutes

---

[298] Dülmen, Richard van: *Kultur und Alltag in der Frühen Neuzeit.* Band 2. S. 181.

[299] Vgl. Büchner, Georg: *Woyzeck.* S. 12f.

[300] Vgl. Füllner, Karin: *Wahnsinn als Anklage. Sozialkritik in Georg Büchners 'Woyzeck' und Richard Huelsenbecks 'Azteken oder die Knallbude. Eine militärische Novelle'.* Georg Büchner Jahrbuch. Europäische Verlagsgesellschaft. Frankfurt/Main. 1986. S. 322.

[301] Vgl. Büchner, Georg: *Woyzeck.* S. 5ff.

Wort. Er hat ein Kind ohne den Segen der Kirche, [...]".[302] Im Kontext dieses Dramas ist Moral die wahre Gewalt[303], nicht Verführung. Es sei nur kurz darauf hingewiesen, dass es dem Hauptmann selbst an den nötigen intellektuellen Fähigkeiten mangelt, Moral zu erklären. Sein Stand hat ihm allerdings einen besseren Lebensstandard ermöglicht.

Der Unterschied zwischen diesem und den zuvor untersuchten Dramen besteht darin, dass hier kein adliger Verführer das Leben der bürgerlichen Unschuld in Trümmern legt. Marie und Woyzeck befinden sich bereits in einer sozialen Außenseiterstellung, als der Tambourmajor auf Marie aufmerksam wird.[304] Durch sein sexuelles Interesse an Marie schlägt die Handlung allerdings um. Aber dazu weiter unten.

Woyzeck kann sich dem rigiden Tugend- und Moralbegriff nicht entziehen. Was das Kind betrifft, so hat er allerdings recht moderne Argumente: „Herr Hauptmann, der liebe Gott wird den armen Wurm nicht drum ansehen, ob das Amen drüber gesagt ist, eh er gemacht wurde".[305] Auf das Kind gehe nicht die Schuld der Eltern über. Der Hauptmann ist mit dieser Antwort überfordert. Trotz Woyzecks knapper Kritik am herrschenden Tugendbild ist er demselben doch verhaftet[306] und bittet mit seinen weiteren Argumenten nur um Verständnis für seine Verfehlungen.

> „Geld, Geld! Wer kein Geld hat – Da setz einmal eines seinesgleichen auf die Moral in die Welt. Man hat auch sein Fleisch und Blut. Unsereins ist doch einmal unselig in der und der andern Welt. Ich glaub, wenn wir in Himmel kämen, so müßten wir donnern helfen".[307]

Arbeit, Entbehrungen, Hunger. Das sind die wesentlichen Bestandteile von Woyzecks Alltag. Er entschuldigt seinen moralischen Fehltritt mit den alltäglichen Belastungen, doch der Hauptmann er-

---

302 Ebd., S. 4.
303 Vgl. Glück, Alfons: *Herrschende Ideen. Die Rolle der Ideologie, Indoktrination und Desorientierung in Georg Büchners 'Woyzeck'*. Georg Büchner Jahrbuch. Europäische Verlagsgesellschaft. Frankfurt/Main. 1986. S. 68.
304 Vgl. Büchner, Georg: *Woyzeck*. S. 6ff.
305 Ebd., S. 5.
306 Vgl. Glück, Alfons: *Herrschende Ideen*. S. 69.
307 Büchner, Georg: *Woyzeck*. S. 5.

kennt das Argument nicht an. Er formuliert Armut und Entbehrungen in eine Charakterschwäche um.[308]

> „Woyzeck, Er hat keine Tugend, Er ist kein tugendhafter Mensch. Fleisch und Blut? Wenn ich am Fenster lieg, wenn's geregnet hat, und den weißen Strümpfen so nachseh, wie sie über die Gassen springen – verdammt, Woyzeck, da kommt mir die Liebe. Ich hab auch Fleisch und Blut. Aber, Woyzeck, die Tugend, die Tugend".[309]

Woyzecks Antwort auf diese Tugendpredigt lautet folgendermaßen:

> „Sehn Sie, wir gemeine Leut, das hat keine Tugend, es kommt einem nur so die Natur; aber wenn ich ein Herr wär und hätt ein' Hut und eine Uhr und eine Anglaise und könnt vornehm reden, ich wollt schon tugendhaft sein. Es muß was Schönes sein um die Tugend, Herr Hauptmann. Aber ich bin ein armer Kerl".[310]

Der Hauptmann muss an diesem Punkt der Diskussion die Waffen strecken. Für den Hauptmann und die anderen Angehörigen höherer Stände ist es leicht, von Tugend zu reden, denn sie werden jeden Tag satt, ohne sich als Versuchspersonen herzugeben. Büchner kritisiert hier deutlich die stark idealisierte Tugendmoral der herrschenden Stände[311], die allerdings für den täglichen Kampf ums Brot nicht tragbar ist. Woyzecks Argumente sind nicht von der Hand zu weisen. Für den Hauptmann allerdings liegt ein solches Leben jenseits seiner Vorstellungskraft und so wirft er, seinem Standesbewusstsein entsprechend, Woyzeck mangelnde Tugend und Selbstbeherrschung vor. Woyzecks moralisches Denken und Handeln wird abgewertet, weil es eben nicht den genormten Meinungen der Herrschenden entspricht.

> „Die moralische Qualifikation 'gut' wird auf das moralische Kriterium selbst übertragen – wohlgemerkt in seiner als absolut und ewig gültig ausgegebenen Form –: nicht ob ein Mensch gut ist, gilt, sondern er ist es überhaupt nur dann, wenn er es im Sinne der positiv bewerteten geltenden Moral ist".[312]

---

308  Vgl. Glück, Alfons: *Herrschende Ideen*. S. 69.
309  Büchner, Georg: *Woyzeck*. S. 5.
310  Ebd., S. 5.
311  Vgl. Glück, Alfons: *Herrschende Ideen*. S. 67f.
312  Ueding, Cornelie: *Denken. Sprechen. Handeln. Aufklärung und Aufklärungskritik im Werk Georg Büchners*. Lang. Frankfurt/Main. 1976. S. 28.

Woyzeck lebt nicht nur wirtschaftlich und sozial am unteren Rande des gesellschaftlichen Spektrums, sondern auch sein sittliches Denken, was er ja durchaus im Falle des Kindes beweist, wird für null und nichtig erklärt. Dass er nicht dumm ist, wie der Hauptmann es ihm vorwirft[313], hat er im Diskurs mit demselben deutlich unter Beweis gestellt. Allerdings lässt es seine gesellschaftliche Stellung nicht zu, dass er das erfahren dürfte. Gäbe der Hauptmann zu, dass Woyzecks Argumente Gehalt haben, würde er damit die ständische Ordnung ins Wanken bringen. So lange die Unterprivilegierten allerdings selbst die moralischen Kategorien der Herrschenden annehmen und sich für Verfehlungen rechtfertigen müssen, bleibt die Gesellschaft statisch. Selbstständiges Denken führt zu einem erstarkten Selbstbewusstsein und in der letzten Konsequenz möglicherweise zu gesellschaftlichen Veränderungen, die natürlich nicht im Sinne derer sind, die bereits am oberen Rand der Gesellschaft leben.

Woyzeck allerdings kann dieses Selbstbewusstsein nicht entwickeln. Die Herrschenden machen die Versuche zunichte, so dass sich Woyzecks Aggressionen schließlich auch gegen Marie richten und nicht etwa gegen den Tambourmajor.[314] Ein Aufbegehren gegen die Herrschenden gibt es nicht.

In der Schaubude wird dann auch Woyzecks Existenz an sich verhöhnt.[315] Der als Soldat verkleidete Affe zeigt, was Woyzeck in den Augen der Herrschenden ist: ein dressiertes Tier, das Befehlen folgt, ohne diese in Frage zu stellen oder selbst zu denken. „Der Aff ist Soldat; `s ist noch nit viel, unterste Stuf von menschliche Geschlecht".[316] Woyzecks Existenz wird hier ganz drastisch der Spiegel vorgehalten. Woyzeck allerdings bemerkt das nicht.[317]

Es ist also nicht nur schwer, sein Leben am Rande der Gesellschaft schlicht zu erhalten, sondern es wird noch erschwert durch die Verinnerlichung von idealisierten Tugendnormen der Herrschenden.

---

313   Vgl. Büchner, Georg: *Woyzeck*. S. 4.
314   Vgl. ebd., S. 24f.
315   Vgl. Glück, Alfons: *Herrschende Ideen*. S. 113.
316   Büchner, Georg: *Woyzeck*. S. 10.
317   Vgl. ebd., S. 10f.

## 7.2 Maries Untreue

Woyzeck fordert für sein Handeln zumindest mildernde Umstände, indem er es mit seiner Armut erklärt. Aber als er Maries Untreue entdeckt, wendet er die repressive Tugendmoral gegen Marie.[318] Für Maries Handeln wird Armut und Aufstiegswunsch nicht als Entlastung gewertet. Egal, wie weit unten auf der gesellschaftlichen Hierarchie man steht, eine Frau steht noch ein Stück tiefer.

Maries Rolle als Frau ist jedenfalls eindeutig definiert. Sie ist zur „Zucht von Tambourmajors"[319] absolut geeignet. Marie ihrerseits ist von dem starken und attraktiven Major begeistert, Löwe oder Rind wird er von ihr genannt.[320] Aber noch wichtiger als seine physische Attraktivität ist sein Stand. Sein wesentlich höherer Stand, im Vergleich zu Woyzecks, verheißt auch ein wenig Luxus. Sie bekommt goldene Ohrringe geschenkt, die sie kurz von gesellschaftlichem Aufstieg träumen lassen.[321] Der Tambourmajor könnte ihr ein recht sorgenfreies Leben verschaffen, ohne Entbehrungen. Jedenfalls, so lange sie seine Geliebte ist.

Marie unterjocht ihr Handeln ebenso wie Woyzeck den Tugendnormen der herrschenden Gesellschaftsschicht. Ihre Affäre begreift sie demnach als Sünde. „Ich bin doch ein schlecht Mensch"[322], sagt sie, nachdem Woyzeck die geschenkten Ohrringe entdeckt hat. Später liest sie in der Bibel die Geschichte der Maria Magdalena, der Jesus ihre Sünden vergab.[323] Allerdings hinkt ihr Vergleich. Marie kann der zukünftigen Sünde nicht abschwören[324], da ein sattes Kind und ein wenig Luxus wenigstens im Diesseits ein angenehmeres Leben verheißen. Woyzeck begreift die Affäre ebenfalls als Sünde.

> „Eine Sünde, so dick und so breit – es stinkt, daß man die Engelchen zum Himmel hinausräuchern könnt. Du hast ein' roten Mund, Marie. Keine Blase drauf? Wie, Marie, du bist schön wie die Sünde – kann die Todsünde so schön sein".[325]

---

318 Vgl. Glück, Alfons: *Herrschende Ideen*. S. 72.
319 Büchner, Georg: *Woyzeck*. S. 11.
320 Vgl. ebd., S. 12.
321 Vgl. ebd., S. 13f.
322 Ebd., S. 14.
323 Vgl. ebd., S. 22.
324 Vgl. ebd., S. 22 und Glück, Alfons: *Herrschende Ideen*. S. 109.
325 Büchner, Georg: *Woyzeck*. S. 18.

Der gehörnte Woyzeck ist gedemütigt. Seine Selbstaufopferung in den medizinischen Experimenten, um das Kind zu ernähren, sind Marie nicht gut genug. Der Tambourmajor verheißt ein besseres Leben. Er ist kein Untergebener, sondern befiehlt selbst. Der Hauptmann nennt Woyzeck dumm, und der Tambourmajor macht ihm die Lebens- und Leidensgefährtin streitig. Den Vorzügen des Majors hat Woyzeck nichts entgegenzusetzen. Der Hauptmann scheint es auch zu genießen, der Überbringer der Botschaft von Maries Affäre zu sein.[326] Bei Woyzeck dagegen löst diese Erkenntnis eine psychische Katastrophe aus[327], die dann mit Maries Tod das tragische Ende nimmt.

„Herr Hauptmann, die Erd is höllenheiß – mir eiskalt, eiskalt – die Hölle is kalt, wollen wir wetten. – – Unmöglich! Mensch! Mensch! Unmöglich".[328] Woyzeck kann es nicht ertragen, dass einer der Herrschenden nimmt, was er liebt. Die medizinischen Experimente, die er über sich ergehen lässt, haben nur Sinn, wenn sie Marie und dem Kind helfen. Der Sinn all seiner Bemühungen wird ihm nun vom Major genommen. Sein Entsetzen ist ebenso nachvollziehbar wie Maries Wunsch nach Sicherheit und Aufstieg.

## 7.3 Eifersucht und Besitzanspruch

Woyzecks Fixierung auf Marie äußert sich durch Eifersucht und Besitzansprüche, die er an Marie stellt. Sie ist sein Halt in der Welt. Als er aber zu Marie geht, nachdem er von der Affäre erfahren hat, sucht er nach physischen Anzeichen für ihre Untreue, die, wie oben gezeigt, von ihm als Sünde eingestuft wird. Doch äußerliche Makel zeigen sich nicht. „Hm! Ich seh nichts, ich seh nichts. Oh, man müßt's sehen, man müßt's greifen könne mit Fäusten".[329] Woyzecks seelischer Zusammenbruch beginnt.

Andres erzählt er von seiner inneren Unruhe.[330] Andres dagegen versucht ihn zu beruhigen und ihm klar zu machen, dass sich die Aufregung für Marie nicht lohnt: „Du Unfried! Wegen dem

---

326 Vgl. ebd., S. 16.
327 Vgl. Glück, Alfons: *Herrschende Ideen.* S. 94.
328 Büchner, Georg: *Woyzeck.* S. 16.
329 Ebd., S. 17.
330 Vgl. ebd., s. 18f.

Mensch".³³¹ Das Unverständnis für Woyzecks Verhalten und die Abwertung Maries als Person liegen in dem Wort „Mensch"³³² begraben. Es macht Andres Verachtung deutlich. Zum einen für einen Mann, der wegen einer Frau so drastisch die Orientierung verliert. Zum anderen für die Frau an sich, die ihren 'natürlichen' Charakterschwächen, wie physische sowie psychische Schwäche und Wollust, erlegen ist.³³³

Woyzeck jedenfalls erliegt seiner Eifersucht und beobachtet Marie, während sie mit dem Tambourmajor tanzt.

> „Dreht eucht, wältz euch! Warum bläst Gott nicht die Sonn aus, daß alles in Unzucht sich übereinander wälzt, Mann und Weib, Mensch und Vieh. Tut's am hellen Tag, tut's einem auf den Händen wie die Mücken! – Weib! Das Weib is heiß, heiß! – Immer zu, immer zu! [...] Der Kerl, wie er an ihr herumgreift, an ihrem Leib! Er, er hat sie – wie ich zu Anfang".³³⁴

In diesen Worten manifestiert sich auch sein Besitzanspruch, denn nun hat er Marie nicht mehr. Eifersucht im Allgemeinen ist bloß ein Euphemismus für Besitzansprüche, die verletzt wurden. In Woyzecks Fall ist die Eifersucht zumindest nachvollziehbar. Andere literarische Figuren geben sich einer rasenden Eifersucht wehrlos hin. Ferdinand von Walter beispielsweise tappt blindlings in die lächerliche Intrige, die ihn schließlich zum Mord an dem Mädchen verleitet, dass er zu lieben vorgibt. „Du bist meine Luise. Wer sagt dir, daß du noch etwas sein solltest"³³⁵, entgegnet er ihr, als sie verzweifelt versucht, ihm die Standesgrenze als tatsächliche Grenze begreiflich zu machen.³³⁶ Ferdinand sieht Luise als seinen Besitz, sein Eigentum. Dieser Logik folgend, schwingt er sich selbst zu ihrem Richter auf. Ganz den Verhaltensnormen seines Standes entsprechend, ist er Herrscher über ihr Schicksal. „Das Mädchen ist mein. [...] Laß mir das Mädchen. [...] Mich laß allein machen, Richter der

---

331   Ebd., S. 19.
332   Ebd., S. 19.
333   Vgl. Nola, Alfonso di: *Der Teufel. Wesen, Wirkung, Geschichte*. Dtv. München. 1997. S. 284f.
334   Büchner, Georg: *Woyzeck*. S. 20.
335   Schiller, Friedrich: *Kabale und Liebe*. S. 14.
336   Vgl. ebd., S. 14f.

Welt! [...] Das Mädchen ist mein! Ich einst ihr Gott, jetzt ihr Teufel".[337]

Woyzeck gehört natürlich nicht der herrschenden Obersicht an, wie Ferdinand von Walter. Aber Woyzeck kann die selbst täglich erfahrene Demütigung der Unterdrückung und Respektlosigkeit durch den Mord an Marie weitergeben. Im Moment des Mordes ist er der Herrschende.

> „Woyzeck aber setzt in dem Mord an Marie die von ihm täglich erfahrene, die der auf Unterdrückung basierenden und durch sie funktionierenden Gesellschaft innewohnende Gewalt in die Tat um, gibt sie weiter".[338]

So tauchen im Mord an Marie die Ideen der Herrschenden in seinem Handeln wieder auf[339]; und so zeigt es sich, dass diese herrschenden Ideologien auch den infizieren, der selbst unter ihnen leidet.

Woyzeck konnte kurz die Macht der Herrschenden genießen und sich zurücknehmen, was ihm gehört. Das Ringen, das Woyzeck im Wirtshaus gegen den Tambourmajor verloren hat[340], hat er nun gewonnen. Allerdings ist dieser Triumph sinnlos, da sich die Regelwerke der Herrschenden gegen den Mörder Woyzeck wenden werden.

## 7.4 Woyzecks sexuelle Obsession

Von einer sexuellen Obsession, wie in den zuvor untersuchten Dramen, kann man bei Woyzeck nicht sprechen. Allerdings macht er im Moment des Mordes das, was auch die bereits vorgestellten Männerfiguren getan haben. Er macht Marie zum Objekt und unterjocht sie seiner Gewalt. Es ist wohl unmöglich, einen Menschen noch drastischer zum reinen Objekt zu machen als durch einen Mord.

„Was hast du eine rote Schnur um den Hals? Bei wem hast du das Halsband verdient mit deinen Sünden? Du warst schwarz davon,

---

337 Ebd., S. 73. Ferdinands Monolog ist bewusst verkürzt zitiert worden, um die Ausmaße seines Besitzanspruches deutlich hervor zu heben.
338 Ueding, Cornelie: *Denken. Sprechen. Handeln.* S. 31.
339 Vgl. Glück, Alfons: *Herrschende Ideen.* S. 73.
340 Vgl. Büchner, Georg: *Woyzeck.* S. 20f.

schwarz! Hab ich dich gebleicht".[341] Die Sünde ist der zentrale Begriff. Sie legitimiert für Woyzeck seine Tat.

Woyzeck ist die Planung des Mordes vorzuwerfen. Er übergibt Andres sein ganzes spärliches Hab und Gut[342], außerdem kauft er ein Messer, dass „mehr als Brot"[343] schneiden kann. Doch man darf nicht außer Acht lassen, dass Woyzeck selbst von unbekannten Energien getrieben scheint. Sein „[w]eiß ich's"[344] auf Maries Frage, wohin er mit ihr gehen wolle, zeigt Verzweiflung. Die Sünde, so scheint es, muss von Marie gewaschen werden. Nur durch ihren Tod kann das geschehen. Woyzeck fügt sich somit mit seiner verzweifelten Antwort in die Gewalt dessen, was notwendigerweise geschehen muss.

Woyzeck ist keiner sexuellen Obsession verfallen. Allerdings hat er im idealisierten Regel- und Tugendwerk der Herrschenden die Orientierung verloren.

> „Da sich Woyzecks Aggressionen nicht gegen ihr natürliches Objekt – die Verursacher seiner Leiden – richten können, drehen sie ab und richten sich, von der schweren Kränkung geleitet, die Marie ihm angetan hat, (und vermittelt durch 'Sünde') gegen Marie".[345]

Aber Woyzeck weiß von der Mitschuld der Gesellschaft und wirft ihr dieses vor. „Bin ich ein Mörder? Was gafft ihr? Guckt euch selbst an".[346]

Eine sexuelle Obsession kann dagegen dem Tambourmajor und dem Unteroffizier vorgeworfen werden. Marie ist in ihren Augen nur 'Zuchtvieh'. „Zum Fortpflanzen von Kürassierregimentern"[347] und „zur Zucht von Tambourmajors"[348] sei sie bestens geeignet. Der Major selbst ist ein Mann und stellt es auch im Ringen mit Woyzeck unter Beweis.[349]

---

341  Ebd., S. 27.
342  Vgl. ebd., S. 23.
343  Ebd., S. 23.
344  Ebd., S. 24.
345  Glück, Alfons: *Herrschende Ideen.* S. 124.
346  Büchner, Georg: *Woyzeck.* S. 26.
347  Ebd., S. 10.
348  Ebd., S. 11.
349  Vgl. ebd., S. 20f.

In Büchners Drama wird die gewaltsame und demütigende Hierarchisierung der Gesellschaft auch ins Kleine übertragen. Nicht nur Woyzecks Leben zeigt die Unterdrückung des unteren Standes, sondern es zeigt in der Beziehung zu Marie auch die gewaltsame Beherrschung der Frau.

## 8. Die Umkehrung der Geschlechterverhältnisse oder die Rolle der Machtweiber

Zum Ende der vorliegenden Arbeit ist es Zeit, eine Frauenfigur vorzustellen, die nicht mit den anderen vergleichbar ist. Adelheid von Walldorf fällt im Vergleich zu den anderen Frauenfiguren aus dem Rahmen. Sie ist kein Opfer männlicher Gelüste und Triebe, vielmehr fallen die Männer ihr zum Opfer. So kann man jetzt auch Mitleid mit den männlichen Figuren haben, die als Preis für ihre Lust das Leben lassen müssen. Adelheid jedenfalls ist eine außergewöhnliche Figur. Sie macht sich nur gezielt zum Objekt, um eigene Ziele zu erreichen, die sie nie aus den Augen verliert. Sie vereint Gegensätze in sich. Sie ist kühl berechnend und leidenschaftlich zugleich. Sie ist schön und sinnlich, und sie weiß es. In diesem Sinne wendet sie Emilias entsetzen Ausruf „Verführung ist die wahre Gewalt"[350] wörtlich an. Sie verführt Weislingen und Franz, und was folgt, ist Mord und Selbstmord.[351] Verführung ist auch für Adelheid Gewalt, allerdings Gewalt, die sie ausübt, indem sie die Männer verführt. So ist Adelheid das genaue Gegenteil von Emilia. Des Weiteren rückt sie dieses Verhalten in die charakterliche Nähe der männlichen Figuren, die Verführung auch gern als Mittel der Gewalt benutzen. Adelheid ist also in keiner Weise eine typische Frauenfigur, sondern eher eine weibliche Figur mit männlichen Charakterzügen. Um diese These zu stützen, sollen im Folgenden kurz Grundlagen der soziologischen Genderforschung dargestellt werden. Es ist allerdings daraufhinzuweisen, dass es nur ein kurzer Einblick sein soll, um den Rahmen der Arbeit nicht zu sprengen.

Um von der scheinbar natürlichen Unterscheidung von männlich und weiblich abzurücken, etablierten sich die Begriffe Sex und Gender. Diese Unterscheidung war eigentlich antibiologisch gedacht, aber paradoxerweise blieb die Teilung der Gesellschaft in zwei Geschlechter bestehen und galt somit weiterhin als natürlich.[352] Denn

---

350 Lessing, G. E.: *Emilia Galotti*. S. 149.
351 Vgl. Goethe, Johann Wolfgang: *Götz von Berlichingen*. Reclam. Stuttgart. 1993. S. 104ff.
352 Vgl. Gildemeister, Regine: *Soziale Konstruktion von Geschlecht: Fallen, Missverständnisse und Erträge einer Debatte*. In: Rademacher, Claudia u.a. (Hrsg.): *Geschlecht – Ethnizität – Klasse: zur sozialen Konstruktion von Hierarchie und Differenz*. Leske + Budrich. Opladen. 2001. S. 66.

Geschlechtsunterschiede werden auch heute noch gern biologisch begründet.

Durch die Unterscheidung in Sex (biologisches Geschlecht) und Gender (soziales Geschlecht) begreifen die Sozialwissenschaften die Geschlechterunterschiede nicht als genetisch bedingt, sondern als sozial konstruiert. Gender ist allgegenwärtig und wird ständig konstruiert und rekonstruiert. Jedes Mitglied der Gesellschaft orientiert sich an der Kleidung der Mitmenschen. Diese Signale sind ebenfalls allgegenwärtig und manche Menschen weisen sogar recht penetrant darauf hin, wie zum Beispiel durch sehr eng anliegende oder knappe Kleidung. Bei Kleinkindern oder Säuglingen ist das allerdings häufig problematisch. Ihnen fehlen die sekundären Geschlechtsmerkmale, wodurch Dritte ein Gender zuordnen können. Dann greifen Menschen auf Signale zurück: Kleidung (besonders deren Farbe), Schmuck, Frisur. Verwirrung tritt dann auf, wenn es nicht gelingt, das Gender eindeutig zuzuordnen:

> „*Gender*- Zeichen und -signale sind so allgegenwärtig, daß wir sie gewöhnlich gar nicht bemerken – es sei denn, sie fehlen oder sind zweideutig. Dann ist uns unbehaglich, bis es uns gelingt, die andere Person einem *gender*-Status zuzuordnen; gelingt es uns nicht, sind wir sozial desorientiert".[353]

Erst die Sozialisation vermittelt einem Menschen die korrekten Verhaltensstandards für Männer und Frauen; Menschen müssen also erst lernen, welchem Geschlecht sie angehören.[354]

Wenn Männer und Frauen nun gleich handeln, wird es doch als etwas Unterschiedliches wahrgenommen. Das hat insbesondere mit der Rolle des Mannes zu tun. In westlichen Gesellschaften gilt Mann = Mann, die Frau dagegen = Nicht-Mann.[355] Weiblichkeit wird also negiert und nicht als eigenes Geschlecht aufgefasst. Die meisten Menschen fügen sich in die Normen und Erwartungen ihres Genders, da sie es eben für natürlich halten.[356] Für die Rolle der Frau bedeutet das die Unterordnung unter den stärkeren Mann.

Die Dominanz des Mannes auf der anderen Seite galt Jahrhunderte lang als natürlich und sicherte somit die Vormachtstellung des

---

353 Lorber, Judith: *Gender-Paradoxien*. Leske + Budrich. Opladen. 1999. S. 56.
354 Vgl. ebd., S. 60ff.
355 Vgl. ebd., S. 79.
356 Vgl. ebd., S. 82.

Mannes bis in das 20. Jahrhundert im öffentlichen (z. B. Zugang zu Universitäten) und im privaten Bereich.[357] Legitimiert wurde dieses Prinzip durch die Religion und die Gebärfähigkeit der Frau, die nachweislich physische Einschränkungen mit sich bringt. Man sprach Frauen lange Zeit die Fähigkeit zu rationalem, logischem Denken vollkommen ab. „Frauen wurden zwar als unterschieden von Männern wahrgenommen, aber im Sinne unvollkommener oder mangelhafterer Exemplare [...]".[358] Dieses Konzept passt gut zu dem der Natürlichkeit, denn „[i]n der Regel betrachtet man Geschlechtsunterschiede aber als die kulturelle Ausformung der biologischen Geschlechtsunterschiede".[359]

Durch die Unterscheidung von Sex und Gender gelang es, die bestehenden Ungleichheiten aufzudecken, nicht aber, sie aufzuheben. Die Polarität der beiden Rollen machte es erst möglich, dass es *männlich* und *weiblich* gibt. Die Gebärfähigkeit, die psychischen und physischen Folgen insbesondere von vielen Schwangerschaften und die folgende Kindererziehung, Betreuung der kranken Kinder sowie die Haushaltsführung zementierten die nachteilige soziale und gesellschaftliche Stellung der Frau; insbesondere dort, wo es auf körperliche Kraft ankommt, wie in der Landwirtschaft.

Heute bricht das traditionelle Rollenverhalten mehr und mehr zusammen, und so nehmen Frauen immer öfter das Gender von Männern an. Insbesondere der Kampf, um an der Waffe Dienst zu tun, spricht Bände. Bekannter ist allerdings die Karrierefrau, die mit männlichen Charakterzügen, wie Ehrgeiz, Zielstrebigkeit und Durchsetzungsvermögen, sowie dem Verzicht auf weibliche 'Schwächen', wie Emotionalität, sich ihren Weg an die Spitzen der bedeutenden Institutionen und Unternehmen bahnt. Allerdings ist angesichts vereinzelter Erfolgsgeschichten nicht darüber hinweg zu täuschen, dass die Löhne ungleich verteilt sind und die Spitzen der bedeutenden Konzerne und Institutionen zumeist mit Männern besetzt sind.[360] Führungspositionen werden meist geschlechtsbezogen

---

357 Besonders aufschlussreich ist in diesem Zusammenhang das Werk von Jürgen Habermas: *Strukturwandel der Öffentlichkeit. Untersuchungen zu einer Kategorie der bürgerlichen Gesellschaft.* Suhrkamp. Frankfurt/Main. 1990.
358 Connell, Robert W.: *Der gemachte Mann. Konstruktion und Krise von Männlichkeiten.* Leske + Budrich. Opladen. 1999. S. 88.
359 Ebd., S. 41.
360 S. Ebd., S. 93.

vergeben, da es sich um so genannte '1 ½ -Personen-Jobs' handelt. Frauen wird es nicht zugetraut, diese Jobs zu meistern, da auf ihnen auch noch die geschlechtsbezogenen Haushaltspflichten lasten. Zusammenfassend kann man Folgendes feststellen: „Je höher die Ebene der beruflichen Hierarchie, um so kleiner der Anteil Frauen und um so ausgeprägter die Dominanz der Männer [im Original fett gedruckt. K. H.]".[361]

Das männliche Ideal zeigt einen dominanten Alleinernährer und eine unterwürfige, opferbereite Frau. So ist die Kernfamilie der Platz und die Keimzelle der Ungleichheit. Oder zusammenfassend gesagt:

> „Since men have more control over the division of labour than women, their collective choice *not* to do childcare, [...], reflects the dominant definition of men's interests, and in fact helps them keep predominant power".[362]

Auch wenn dieser thematische Ausflug verwirrend erscheint, hat er doch einen Bezug zu Adelheid. Gerade sie spielt gekonnt mit den Verhaltensnormen, die an die Geschlechterrolle geknüpft sind. Ihr Weg nach oben führt über Beziehungen zu Männern. Weislingen ist ihr nützlich, so lange sie am Hof bleiben kann und somit die Verbindung zum Sohn des Kaisers, ihrem eigentlichen Ziel, aufrechterhalten bleibt.[363] Adelheid ist sozusagen die Karrierefrau des Bamberger Hofes. Sie ist vor allem auch das absolute Gegenteil zu der häuslichen und fürsorglichen Maria. Während Maria emotional und sehr ängstlich erscheint[364], ist Adelheid unerschrocken und keine unterwürfige Frau.[365]

> „Ihr [Adelheids] erstes Kennzeichen ist Ursprünglichkeit, sie ist ein Naturwesen, und erst in zweiter Linie können wir sie als eine freie Frau in einer beengenden Hofgesellschaft ansprechen. Ihre Anziehungskraft auf die Männer ist unwiderstehlich, dämonisch, aber ihre Natur kommt bald mit den Konventionen der Gesellschaft in Konflikt".[366]

---

361 Geißler, Rainer: *Die Sozialstruktur Deutschlands. Zur gesellschaftlichen Entwicklung mit einer Zwischenbilanz zur Vereinigung.* Westdeutscher Verlag. Opladen. 1996. S. 284.
362 Connell, Robert W.: *Gender and Power. Society, the Person and Sexual Politics.* Stanford University Press. Stanford/California. 1987. S. 106.
363 Vgl. Goethe, J. W.: *Götz von Berlichingen.* S. 88ff.
364 Vgl. ebd., S. 14ff.
365 Vgl. ebd., S. 88ff.
366 Köpke, Wulf: *Die emanzipierte Frau in der Goethezeit.* S. 103.

Adelheid bedeutet Gefahr. Sie ist sinnlich und nutzt ihre körperlichen Vorzüge geschickt aus. Im Drama kontrastiert ihr Charakter stark mit dem von Maria.

> „Maria ist liebreich und schön, und einem Gefangenen und Kranken kann ich's nicht übelnehmen, der sich in sie verliebt. In ihren Augen ist Trost, gesellschaftliche Melancholie. – Aber um dich, Adelheid, ist Leben, Feuer, Mut – Ich würde! – Ich bin ein Narr – dazu macht mich *ein* Blick von ihr. Mein Herr muß hin! Ich muß hin! Und da will ich mich wieder gescheit oder völlig rasend gaffen".[367]

Franz spricht schon an, wo die Gefahr von Adelheid ausgeht. Es ist das Feuer, das zwar wärmt, aber auch vernichten kann. Maria gesteht er nur Anziehungskraft auf einen kranken Gefangenen zu, im Gegensatz zu Adelheid. Franz ist schon in ihrem Netz gefangen. Er wird sich bald verrückt an ihr sehen und sogar einen Mord für sie begehen, aber dazu genauer weiter unten.

---

367  Goethe, J. W.: *Götz von Berlichingen*. S. 36.

## 9. Die Frau als Bedrohung: Adelheid von Walldorf

Die Frau als Bedrohung einzustufen, ist keine Neuheit unserer Zeit, und auch die Bedrohung, die von Adelheid von Walldorf in Goethes „Götz von Berlichingen" ausgeht, ist keine Neuheit. Schon seit langer Zeit werden Frauen als unheimlich empfunden. Meist geht das zurück auf die sexuelle Lust und die Sinnlichkeit. Frauen wurde beides lange untersagt, ja regelrecht verboten. Die sexuelle Lust der Frau wird als bedrohlich empfunden, da sie sich der Kontrolle des Mannes entzieht. Er ist nicht mehr Herr der Lage. Die sexuelle Bedrohung war schließlich auch ein wichtiger Bestandteil der Vorwürfe bei Hexerei.

Der Frau wurde vorgeworfen, sie sei physisch und psychisch schwach, ungeduldig, leicht zu beeinflussen und wollüstig.[368] Sie vereinte also alle denkbaren schlechten Eigenschaften. Insbesondere die ungezügelte und unkontrollierte weibliche Sexualität bildete die Voraussetzung für die Verbindung mit dem Teufel.

> „[... D]a man davon ausgeht, daß am Anfang der Beziehung eine sexuelle Sünde oder das Bedürfnis der Frau nach zügellosem Geschlechtsverkehr steht und daß dieses sie dazu treibt, die Vereinigung mit dem Teufel zu suchen oder seinem Liebeswerben nachzugeben und damit der ewigen Verdammnis anheimzufallen".[369]

So ist es nicht verwunderlich, dass die Freizügigkeit von Frauen strikt unterbunden wurde. Männliche Sexualität ist dagegen kein Problemfall. Männer werden im Zusammenhang von Hexerei dementsprechend auch nur sehr selten erwähnt.[370] Die Figur des Teufels selbst wandelt sich in diesem Zusammenhang ebenfalls. „Die ehemals düstere, gespenstische Gestalt des Teufels verwandelt sich nun in einen unersättlichen Versucher, sündig und lüstern [...]".[371]

Als Personifizierung der Sünde wirkt die Frau eben dann, wenn sie sich zu ihrer Sinnlichkeit bekennt und diese auslebt und ausnutzt. Das zeigt sich natürlich deutlich an Adelheid, während man die regelrecht panische Negation der eigenen Sinnlichkeit bei Emilia fin-

---

368 Vgl. Nola, Alfonso di: *Der Teufel*. S. 284f.
369 Ebd., S. 283f.
370 Vgl. ebd., S. 284.
371 Ebd., S. 286.

det.[372] Adelheids erotische Anziehungskraft ist scheinbar unermesslich und schon ein einziger Blick von ihr genügt, um Franz den Verstand zu rauben.

> „Das letztemal, da ich sie sahe, hatte ich nicht mehr Sinne als ein Trunkener. Oder vielmehr, kann ich sagen, ich fühlte in dem Augenblick, wie's den Heiligen bei himmlischen Erscheinungen sein mag. Alle Sinne stärker, höher, vollkommener, und doch den Gebrauch von keinem".[373]

Nach dieser Beschreibung umgibt sie eine Aura von Temperament und vitalem Leben[374], das auf den Betrachter zurückfällt und ihm schließlich den Verstand umnebelt. Adelheid dagegen ist charakterisiert durch ihre Rationalität, denn ihr Verstand ist ihr Wegbereiter zur Macht. Schon ihr erster Auftritt zeichnet ihren Charakter eindeutig. Sie wird zum ersten Mal auf der Bühne gezeigt, während sie mit dem Herrscher des Hofes Schach spielt.[375] Sie spielt also nicht mit einem beliebigen Höfling, sondern mit dem Bischof selbst. Adelheid wagt sich unbeirrt und unbeeindruckt ins Spiel mit dem mächtigsten Mann am Bamberger Hof. Dazu kommt, dass sie Schach spielen und nicht ein simples Kartenspiel. Nicht ohne Grund sagt Liebetraut, man nenne Schach „ein königlich Spiel"[376], und für Adelheid selbst ist es ein „Probierstein des Gehirns".[377]

> „Die erste Szene, in der Adelheid von Walldorf auftritt, zeigt sie beim Schachspiel, in dem sie den Bischof von Bamberg mattsetzt. Maria vermittelt Exempla des Guten und Frommen, Adelheid findet Freude am gesellschaftlichen Spiel, in dem sie erfolgreich die Kräfte ihres Verstandes erproben kann, sie sucht Zerstreuung in einer Umgebung geistreicher Gespräche und höfischer Kultur. Auch ihre erotische Anziehungskraft läßt sie spielen mit der Unbedenklichkeit einer selbstbewußten, erfahrenen Frau, die nicht zuerst 'Lasterhaftes', vielmehr den freien Atem des Ungezügelten verrät[...]".[378]

---

372 Vgl. Lessing, G. E.: *Emilia Galotti*. S. 149f.
373 Goethe, J. W.: *Götz von Berlichingen*. S. 34.
374 Vgl. Friess, Ursula: *Buhlerin und Zauberin. Eine Untersuchung zur deutschen Literatur des 18. Jahrhunderts*. Fink. München. 1970. S. 89.
375 Vgl. Goethe, J. W.: *Götz von Berlichingen*. S. 36ff.
376 Ebd., S. 37.
377 Ebd., S. 37.
378 Friess, Ursula: *Buhlerin und Zauberin*. S. 78.

Jeder, der es selbst versucht hat, weiß, worauf es beim Schachspiel ankommt: Geduld und Taktik, aber auch „Wachsamkeit, Übersicht, Scharfsinn"[379] sind gefragte Fähigkeiten. Das alles sind eher Eigenschaften, die Männern zugeordnet werden. Adelheid erscheint also als verführerische Gefahr, weil sie den Mut hat, ihren Verstand unter Beweis zu stellen; weil sie unabhängig von einem Mann ist und sich auch nicht über einen Mann, also als Ehefrau, definiert; und schließlich, weil sie ihrer Sinnlichkeit freien Lauf lässt. So ist es dann auch wenig verwunderlich, dass Weislingen schon nach der ersten Begegnung in ihre Falle getappt ist. Im ersten Gespräch, das er mit Adelheid führt, wechselt er vom formellen Anredepronomen zum vertrauten Du.[380] Aber Adelheid ist es, die diese Anrede zuerst gebraucht. Es ist Teil ihrer weiblichen List, um Weislingen am Bamberger Hof zu halten: „du, Weislingen, mit deiner sanften Seele".[381] Verführt durch diese Worte, bleibt Weislingen in Bamberg und verrät Götz. Allerdings scheint er zu ahnen, dass nicht sein freier Wille und die Ratio die Entscheidung zum Bleiben getroffen haben.

> „Du bleibst! Sei auf deiner Hut, die Versuchung ist groß. Mein Pferd scheute, wie ich zum Schloßtor herein wollte, mein guter Geist stellte sich ihm entgegen, er kannte die Gefahren, die mein hier warteten. – Doch ist's nicht recht, die vielen Geschäfte, die ich dem Bischof unvollendet liegen ließ, nicht wenigstens so zu ordnen, daß ein Nachfolger da anfangen kann, wo ich's gelassen habe. Das kann ich doch alles tun, unbeschadet Berlichingen und unserer Verbindung. Denn halten sollen sie mich hier nicht. – Wäre doch besser gewesen, wenn ich nicht gekommen wäre. Aber ich will fort – morgen oder übermorgen".[382]

Die Gefahr und die Versuchung liegen in Adelheid begründet. Sie ist der Grund, warum Weislingen bleibt. Die Geschäfte des Bischofs sind nur ein günstiger Vorwand. Weislingen selbst merkt, dass er versucht, sich selbst zu belügen. Er wird nicht aufbrechen, nicht morgen und nicht am Tag darauf. Nicht ohne Grund gesteht er sich ein, dass es ein Fehler war, überhaupt an den Hof zurückzukehren.

---

379  Staiger, Emil: *Stilwandel. Studien zur Vorgeschichte der Goethezeit.* Atlantisverlag. Zürich. 1963. S. 71.
380  Vgl. Goethe, J. W.: *Götz von Berlichingen.* S. 44ff.
381  Ebd., S. 45.
382  Ebd., S. 47.

> „Mit ihrer doppelten erotisch-sinnlichen und rational logischen Taktik bringt sie Weislingen dazu, sein Götz gegebenes Versprechen zu brechen, und hintertreibt so erfolgreich Weislingens Aussöhnung mit Götz. Sie manipuliert Weislingen psychologisch emotional, indem sie seine Männlichkeits- und Minderwertigkeitsgefühle gegenüber Götz anstachelt".[383]

Adelheids Netz aus „Sinnlichkeit, Rationalisierungen und politischem Machtstreben"[384] ist gespannt und Weislingen verfängt sich unwiderruflich darin. Sie fängt ihn insbesondere dadurch, dass sie ihm den Willen zur Macht nahe legt. „Unversehens wird er dich wegreißen, du wirst ein Sklave eines Edelmannes werden, da du Herr von Fürsten sein könntest".[385] Man merkt, dass Adelheid niemals kleine Ziele im Visier hat. Allerdings hat sie genug Ehrgeiz und ist auf ihr Ziel fixiert, so dass Macht für sie ein erreichbares Ziel ist. Weislingen dagegen ist wankelmütig, und seine Ziele lassen sich schnell den äußeren Umständen anpassen. Erst noch fest entschlossen, an Götz' Seite zu bleiben, sät die schöne Frau jetzt den Samen für Träume vom Fürstenstand in Weislingens Gemüt.

Adelheid selbst hat den Platz an der Seite eines Kaisers als ihr oberstes Ziel definiert. Die Gattin des Kaisers zu sein, beinhaltet für eine Frau in dieser Zeit auch die höchstmögliche Macht. Mehr kann sie nicht erreichen. Adelheid lässt sich von ihrem Weg nicht abbringen, durch nichts und niemanden.

> „Fängst du's so an! Das fehlte noch. Die Unternehmungen meines Busens sind zu groß, als daß du ihnen im Wege stehen solltest. Karl! Großer trefflicher Mann, und Kaiser dereinst! und sollte er der einzige sein unter den Männern, dem der Besitz meiner Gunst nicht schmeichelte? Weislingen, denke nicht mich zu hindern, sonst mußt du in den Boden, mein Weg geht über dich hin".[386]

Deutliche Worte. Sie will an die Seite des vermutlich nächsten Kaisers. Ihr Wille ist nicht zu brechen, denn Weislingen wird in den Boden gehen.[387] Adelheid ist wie ein Mann in einem verführerischen weiblichen Körper. Sie ist klug, berechnend, rational, listig, char-

---

383  Huyssen, Andreas: *Drama des Sturm und Drang*. S. 153f.
384  Ebd., S. 154.
385  Goethe, J. W.: *Götz von Berlichingen*. S. 45.
386  Ebd., S. 88.
387  Vgl. ebd., S. 106f.

mant, sinnlich, machthungrig, zielstrebig und grausam. All das macht sie im Sinne des Wortes gefährlich.

Wie aber kann man sie nun genau beschreiben? Sie ist kein Mannweib, aber eine Karrierefrau, ein Machtweib. Sie will aufsteigen, so hoch es eben möglich ist. Ist sie eine teuflische Dämonin oder eine Hexe? Vielleicht ist sie eine Femme fatale. Das nächste Kapitel wird diesen Fragen nachgehen.

## 9.1 Femme fatale, Medea, Dämonin, „Zauberin"[388], Machtweib: Zur Charakterisierung von Adelheid von Walldorf

Das Thema der Femme fatale ist literaturgeschichtlich gesehen schon alt, allerdings hat es sich im Laufe der Jahrhunderte natürlich verändert. So ist die Femme fatale in den Werken des Mittelalters oftmals ein Schlangenwesen, eine Hexe oder ähnliches, das den menschlichen Mann verführt.[389] Diese Figuren zeigen besonders die Abneigung der menschlichen Gesellschaft gegenüber solchen, die die Konventionen brechen, auf.[390]

Die Femme fatale der späteren Jahrhunderte, so auch des 18. Jahrhunderts, ist verbunden mit Macht, wie auch Adelheid von Walldorf.[391] Aber es gibt noch weitere Verbindungen, wie „zum Dämonischen [...], zum Hexenhaften [...], zum Satanischen [...] und dem Sexuellen"[392], woraus sich dann Kennzeichen der Figur ableiten lassen. Zusammenfassend kann man die charakteristischen Kennzeichen der Femme fatale folgendermaßen darstellen:

> „[Einer] 'Minimaldefinition' zufolge ist die Femme fatale eine meist junge Frau von auffallender Sinnlichkeit, durch die ein zu ihr in Beziehung geratener Mann zu Schaden oder zu Tode kommt".[393]

---

388   Ebd., S. 51.
389   Vgl. Daemmrich, Horst: *Themen und Motive der Literatur. Ein Handbuch.* Franke. Tübingen. 1987. S. 136.
390   Vgl. ebd., S. 137.
391   Vgl. ebd., S. 138.
392   Ebd., S. 138.
393   Hilmes, Carola: *Die Femme fatale: ein Weiblichkeitstypus in der nachromantischen Literatur.* Metzler. Stuttgart. 1990. S. 10.

Im Kampf der Geschlechter kämpft die Frau mit weiblichen Reizen.[394] Die Femme fatale wirkt unabhängig, frei, selbstständig und voller Energie. Aber trotz allem ist sie eine Frau, und ihrer weiblichen Rolle entsprechend ist sie immer ein Opfer.[395] Selbst die vor Eifersucht und Wut rasende Medea ist in erster Linie ein Opfer ihres Mannes.[396] Trotz ihrer Sinnlichkeit und ihrer scheinbaren Freiheit ist sie immer noch in der Rolle der Frau gefangen.

> „Daß ihre Handlungen auch der Protagonistin selbst zum Verhängnis ausschlagen, liegt noch darin begründet, daß ihre Macht auf Sinnlichkeit reduziert ist und ihre Handlungsspielräume meist vergebene oder gar fremdbestimmte sind. Die der Femme fatale zugestandene erotische Wirkungsmächtigkeit ist zwar faszinierend, aber auch trügerisch, denn sie täuscht über Beschränkungen und Scheitern der Protagonistinnen hinweg".[397]

Auch Adelheid scheitert ja letztendlich. Wie oben bereits angeklungen ist, ist gelebte Sinnlichkeit Kennzeichen der Femme fatale, ebenso wie von Adelheid.[398] Die Sexualität, die mit der Sinnlichkeit einhergeht, ist allerdings auch eine Gefahr. Sie wird als ungebändigt und unkontrolliert empfunden, so dass sexuelle Lust der Frau schließlich in Verbindung mit Hexerei trat. Auch die Femme fatale umgibt diese Aura des Übernatürlichen.

> „Die Verbindung von Sexualität und Aktivität rückt die Femme fatale in die Nähe zur Hexe, der mit dem Teufel im Bunde stehenden Frau, die über geheime Kräfte verfügt und diese auch einsetzt. Da sich ihre 'Machenschaften' einer rationalen Kontrolle entziehen, wird sie als Bedrohung der etablierten Ordnung erfahren".[399]

Auch Adelheid hat scheinbar magische Kräfte, mit denen sie die Männer, besonders Franz, verzaubert. „Bamberg ist nicht mehr Bamberg, ein Engel in Weibesgestalt macht es zum Vorhofe des

---

394 Vgl. ebd., S. 74.
395 Vgl. ebd., S. 224.
396 Vgl. Blänsdorf, Jürgen: *Die Femme fatale im Drama: Heroinnen - Verführerinnen - Todesengel*. Franke. Tübingen. 1999. S. 10 und Euripides: *Medea*. Reclam. Stuttgart. 2000. V. 217ff.
397 Hilmes, Carola: *Die Femme fatale*. S. 225.
398 Vgl. Goethe, J. W.: *Götz von Berlichingen*. S. 34ff.
399 Hilmes, Carola: *Die Femme fatale*. S. 227.

Himmels".[400] So beschreibt Franz die erste Begegnung mit ihr, aber auch, als sie ihn zum Mord an Weislingen überredet, zieht sie alle Register ihres Könnens, dass man am Verstand von Franz zweifelt: „Wenn du nicht mehr zitternd auf deinen Zehen zu mir schleichen wirst – nicht mehr ich ängstlich zu dir sage: 'Brich auf, Franz, der Morgen kommt'".[401] Adelheid nutzt ihre körperliche Attraktivität und Sex, um Franz zur Umsetzung ihres Willens zu verleiten. Die gewünschte, aber in gleichem Maße gefürchtete Sinnlichkeit der Frau[402] bringt Verderben, aber auch für die Frau selbst.

> „So erscheint – herrschender Doppelmoral folgend und im Gewande der Warnung sexueller Obsessionen nur schlecht verbergend – die sinnliche Frau resp. die Liebe als tödliche Gefahr".[403]

Adelheid von Walldorf kann wohl als Femme fatal verstanden werden. Sie betört durch ihre Sinnlichkeit und ihre Schönheit[404], sie lenkt die Gespräche mit Weislingen mehr als geschickt in die gewünschte Richtung[405], sie manipuliert und kokettiert[406], und sie geht an ihren eigenen Zielen zugrunde.[407]

Besonders die Verbindung von Sex und Skrupellosigkeit lässt einige Autoren vom Bild der Femme fatale abrücken. Oftmals wird Adelheid als regelrecht übernatürliches Wesen begriffen. „Nur eine dämonische Macht kann die dämonische Adelheid töten [...]"[408], begründet Volker Neuhaus die Notwendigkeit des Femegerichts. Fast scheint sie das personifizierte Böse zu sein. In diesem Zusammenhang ist es interessant, wenn man darauf hinweist, dass Männern nur selten ihr Streben nach Macht vorgeworfen wird. Allenfalls wird ihnen Größenwahn unterstellt, wenn sie sich nicht mit ihren territorialen Eroberungen zufrieden geben wollen. Für Frauen allerdings ist Macht scheinbar immer noch etwas Verbotenes. Besonders

---

400    Goethe, J. W.: *Götz von Berlichingen*. S. 34.
401    Ebd., S. 103.
402    Vgl. Hilmes, Carola: *Die Femme fatale*. S. 235.
403    Ebd., S. 244.
404    Vgl. Goethe, J. W.: *Götz von Berlichingen*. S. 34ff.
405    Vgl. ebd., S. 44f.
406    Vgl. ebd., S. 102f.
407    Vgl. ebd., S. 107f.
408    Neuhaus, Volker: *Johann Wolfgang Goethe: Götz von Berlichingen*. In: Hinck, Walter (Hrsg.): *Geschichte als Schauspiel. Deutsche Geschichtsdramen. Interpretationen*. Frankfurt/Main. 1981. S. 94.

der Mord an einem Mann ist das Verruchte und Schändliche daran. Machtstreben kostet immer Leben, das sollte man sich immer ins Gedächtnis rufen. Nur als Beispiel betrachte man den Kampf des Deutschen Kaiserreiches um Kolonien in Afrika. Es gibt Dutzende Beispiele für Machtkämpfe in der Weltgeschichte. Strebt aber eine weibliche, literarische Figur nach Macht, hat man es mit übernatürlichen, teuflischen, dämonischen Kräften zu tun. Adelheids recht unweibliche Charakterzüge werden also in Verbindung mit Hexerei, Zauberei und Teufelei gestellt.

> „[Sie ist] eine wesentlich negative Figur. Als Machtweib, indem sich Schönheit mit Verstand, Ehrgeiz mit Sinnlichkeit, vor allem aber Verstand mit Verbrechen paaren, ist Adelheid das genaue Gegenteil zu Götz, adlige Kontrafigur zum bürgerlichen Idealbild. Offensichtlich entstammt die Figur der Tradition der adligen Buhlerinnen und Zauberinnen im bürgerlichen Drama, die wie Marwood und Orsina bei Lessing, Milford bei Schiller für die erotische Zügellosigkeit des Adels insgesamt einstehen, eine Zügellosigkeit, die sowohl sozialgeschichtliche Tatsache als auch Projektion bürgerlicher Ängste war".[409]

Adelheid kann wohl kaum in die Tradition von Marwood und Orsina gestellt werden. Sie ist kein rasendes Weib, das sich selbst in die Tradition von Medea stellt.[410] Auch ist sie keine räsonierende und mit ihrer Klugheit hausierende Mätresse wie Orsina.[411] Aber am wichtigsten ist ein Unterschied: Adelheid will keine Rache an Weislingen nehmen, sie will ihn nur 'aus dem Weg haben'.[412]

> „[Sie ist] die junge, äußerlich kühle, aber in vielen Künsten erfahrene Witwe, deren politischer Ehrgeiz noch ihre dämonische Sinnlichkeit übertrifft, die immer noch um einige Grade klüger als leidenschaftlich ist, doch ihre Klugheit nicht zur Schau trägt, nicht räsoniert, nur heimlich plant und sich zuletzt in den eigenen, allzu verwegen geflochtenen Schlingen verstrickt".[413]

Sie als Buhle zu bezeichnen, ist insofern korrekt, da Adelheid am Bamberger Hof tatsächlich mit drei Männern in Verbindung steht.

---

409 Huyssen, Andreas: *Drama des Sturm und Drang*. S. 153.
410 Vgl. Lessing, G. E.: *Miss Sara Sampson*. Reclam. Stuttgart. 34.
411 Vgl. Lessing, G. E.: *Emilia Galotti*. S. 104ff.
412 Vgl. Goethe, J. W.: *Götz von Berlichingen*. S. 88.
413 Staiger, Emil: *Stilwandel*. S. 71.

Da ist zum einen ihr Ehegatte Weislingen, dessen Bube und schließlich der Sohn des Kaisers, Karl.[414] Das Wörterbuch der Brüder Grimm verzeichnet unter dem Stichwort Buhle unter anderem die Erklärung, es handele sich dabei um eine „unkeusche person".[415] Die eheliche Treue hält Adelheid tatsächlich nicht sehr hoch. Im Vergleich mit der Bezeichnung „Zauberin"[416], die Adelheid von Weislingen zugedacht wird, ist Buhle allerdings negativ konotiert.[417] Die Zauberin kann, bringt man sie thematisch in Verbindung mit der Hexe, Schaden zufügen, aber auch helfen.[418] Das Grimmsche Wörterbuch erklärt, eine Zauberin sei „eig. eine frau im besitz der zauberkunst, dann aber auch der hexe gleich [...]".[419] Im übertragenden Sinne kann Zauberin allerdings auch eine galante Frau beschreiben.[420]

Adelheid ist kein Vorwurf der Hexerei zu machen. Sie ist eine schöne und sinnliche Frau und sie nutzt es zu ihrem Vorteil. Es ist nicht zu leugnen, dass sie mit ihren Handlungen moralische und juristische Grenzen überschreitet, aber das ist trotz allem keine Hexerei. Es zeigt sich, dass sie in kein Schema passt. Am ehesten ist sie eine Femme fatale, aber keine Dämonin.

„[...] es zeigt sich, daß sie weder im Typus der 'bösen Intrigantin' noch in dem der 'lasterhaften Verführerin' aufgeht".[421]

## 9.2 Der Nutzen der Schönheit: Weislingens und Franz' sexuelle Obsession

Es ist bereits öfter erwähnt worden, dass Adelheid die beiden Männer Weislingen und Franz in ihren Bann gezogen hat. Es ist allerdings die erste Konstellation, bei der man mit diesen beiden männlichen Figuren Mitleid haben kann. In den zuvor behandelten Dramen waren die Männer ihrer sexuellen Obsession ebenso hilflos er-

---

414  Vgl. Goethe, J. W.: *Götz von Berlichingen*. S. 47, 60, 87f.
415  Grimm, Jakob und Wilhelm: *Deutsches Wörterbuch*. Band 2. 1860. S. 498.
416  Goethe, J. W.: *Götz von Berlichingen*. S. 51.
417  Vgl. Friess, Ursula: *Buhlerin und Zauberin*. S. 83.
418  Vgl. ebd., S. 18.
419  Grimm, J. u. W.: *Deutsches Wörterbuch*. Band 15. 1956. S. 386.
420  S. ebd., S. 389.
421  Friess, Ursula: *Buhlerin und Zauberin*. S. 188.

legen wie in Goethes Drama, aber im „Götz" sind die Verhältnisse umgekehrt. Adelheid ist nicht verführt, nicht vergewaltigt worden, sondern sie lenkt die verblendeten Männer nach ihrem Willen. So müsste man annehmen können, dass Adelheid einer sexuellen Obsession erlegen ist, aber sie ist es nicht. Sie nutzt allerdings ihre Schönheit und ihren Verstand aus, um die Männer hörig zu machen. Also sind es auch hier die Männer, die der sexuellen Obsession erlegen sind. Diesmal geht nicht nur die Frau zu Grunde, sondern auch die Männer. Weislingen glaubt bis zum Ende, das Spiel unter Kontrolle zu haben. Er versucht, Adelheid in der Funktion ihres Ehemannes einen Befehl zu erteilen[422], und unterschreibt damit sein eigenes Todesurteil.

„In dem Moment, wo Weislingen ihr Befehle geben will, bringt sie ihn um und zerstört damit sich selbst. Sie ist eine Frau mit ausgesprochen 'männlichen' Eigenschaften und dabei mit zauberhafter weiblicher Anziehungskraft".[423] Weislingen unterliegt der fatalen Fehleinschätzung, dass seine Frau ihm Gehorsam leisten wird. Wie ganz zu Anfang dieser Arbeit gezeigt wurde, wäre Adelheid als Gattin ihrem Ehemann dazu auch eigentlich verpflichtet, aber Adelheid ist in ihrer Gesamtheit eine unkonventionelle Frauenfigur.

Franz ist seit der ersten Begegnung mit Adelheid vollkommen von Sinnen. Er berichtet seinem Herrn darüber und Weislingen wirft seinem Buben Folgendes vor: „Du bist nicht gescheit".[424] Franz gibt unumwunden zurück: „Das kann wohl sein".[425] Franz wird Adelheid im weiteren Verlauf des Dramas willenlos folgen. Weislingen verspottet die poetischen Ausschweifungen seines Buben, als dieser in überschwänglichen Worten die körperliche Schönheit Adelheids lobt.

„Ich hätt' der elfenbeinerne König sein mögen. Adel und Freundlichkeit herrschten auf ihrer Stirn. Und das blendende Licht des Angesichts und des Busens, wie es von den finstern Haaren erhoben ward".[426] An seinen Formulierungen erkennt man sofort, dass Franz verloren ist. Sie sei ein „Engel"[427], der „Frühlingssonne"[428] gleich, sie

---

422  Vgl. Goethe, J. W.: *Götz von Berlichingen*. S. 97.
423  Köpke, Wulf: *Die emanzipierte Frau in der Goethezeit*. S. 103.
424  Goethe, J. W.: *Götz von Berlichingen*. S. 34.
425  Ebd., S. 34.
426  Ebd., S. 35.
427  Ebd., S. 34.

sei „Leben, Feuer, Mut".[429] Sie personifiziert für ihn also Energie und Macht und zieht ihn damit an.

Franz wird für Adelheid sehr schnell zu einem Werkzeug, das sich leicht führen lässt. Sie geht dabei geschickt vor, indem sie ihm kleine Besonderheiten erlaubt, für ihn von den höfischen Benimmregeln abweicht. Als Weislingen seinem Buben ausrichtet, er solle seiner baldigen Ehefrau einen Handkuss überbringen, hat Weislingen wohl kaum damit gerechnet, dass Adelheid dem weit unter ihrem Stand stehenden Jungen ihre Hand zum Küssen reicht. „Da – deine Lippen sind warm"[430], sagt sie, als wäre es eine normale, alltägliche Handlung, sich von einem Bediensteten küssen zu lassen. Franz ist von dieser Geste überwältigt. „(*vor sich, auf die Brust deutend*). Hier ist's noch wärmer! (*Laut.*) Gnädige Frau, Eure Diener sind die glücklichsten Menschen unter der Sonne".[431] Mit der Zuneigung, die sie ihm zeigt und die sie auch von ihm entgegennimmt, bindet sie ihn fest an sich. Aber Franz scheint für sie mehr als nur ein Werkzeug zu sein, sie hängt an ihm.[432] „Die Tränen stehen ihm in den Augen. Ich lieb ihn von Herzen. So wahr und warm hat noch niemand an mir gehangen".[433] Die Beziehung zu Weislingen stellt sich im Vergleich auch deutlich unterkühlter dar. So ist Adelheid von ihm schnell gelangweilt und muss ihn wieder zu neuen Unternehmungen gegen Götz antreiben.[434]

Nur ein einziges Mal versucht Franz sich von Adelheid loszureißen und gleichzeitig zu erlangen, was ihm seiner Meinung nach zusteht: ihre Ergebenheit. Aber Adelheid weiß auch dieses Aufbegehren zu lenken und wieder in von ihr kontrollierte Bahnen zurückzuführen. Der Grund für Franz' plötzlichen Unmut ist natürlich ein anderer Mann, ein Konkurrent. Nicht irgendeiner, sondern der Sohn des Kaisers.

„Es ist Euer Wille, daß ich mich totschmachten soll; in den Jahren der Hoffnung macht Ihr mich verzweifeln"[435], klagt er. Adelheid

---

428 Ebd., S. 35.
429 Ebd., S. 36.
430 Ebd., S. 60.
431 Ebd., S. 60.
432 Friess, Ursula: *Buhlerin und Zauberin*. S. 84.
433 Goethe, J. W.: *Götz von Berlichingen*. S. 60.
434 Vgl. ebd., S. 49ff.
435 Ebd., S. 88.

spricht ihm gut zu, er solle doch nur treu bleiben, und sie werde sich ihm schon bald widmen, und Franz bekräftigt, dass sie der einzige Sinn seines Lebens ist. „Mein Gott, ich habe keinen Blutstropfen in mir, der nicht Euer wäre, keinen Sinn, als Euch zu lieben und zu tun, was Euch gefällt".[436] Er ist dieser Frau vollkommen hörig, und so liegt in diesem Satz schon der Keim für den Mord an seinem Herrn, denn er wird ihrem Wunsch Folge leisten.[437]

Die sexuelle Obsession des Mannes wird ihm zum Verhängnis. Franz würde Adelheid gern zu dem Objekt seiner Begierde machen, doch Adelheid entzieht sich ihm, wie auch Weislingen. Sie lässt sich nicht wirklich zum Objekt degradieren, sondern nur scheinbar. Franz möchte sie besitzen, und er glaubt auch, dass er es tut, aber sobald er seinen Besitz einfordert, wendet sich Adelheid ab. Als er ihr die Korrespondenz und das Interesse an Karl als Aufopferung seiner selbst und Weislingens vorwirft[438], wendet sie sich vollkommen von ihm ab: „Geh mir aus dem Gesicht".[439] Franz muss alle Ansprüche zurücknehmen und um Verzeihung flehen. Adelheid vergibt ihm und lockt ihn mit dem „schönste[n] Lohn".[440] Man muss feststellen, dass Franz nicht mehr fähig ist, eigenständige Entscheidungen zu treffen. Er ist bereit, für sie zu morden. „Der schönste Lohn! Nur bis dahin laß mich leben! Ich wollte meinen Vater ermorden, der mir diesen Platz streitig machte".[441] Adelheid hat mit ihm ein absolut universell einsetzbares Werkzeug. Sie lenkt ihn geschickt zum Mord an ihrem unbequem gewordenen Gatten.

> „Betrogener törichter Junge, du siehst nicht, wo das hinaus will. Hier weiß er mich in Sicherheit. Denn lange steht's ihm schon nach meiner Freiheit. Er will mich auf seine Güter. Dort hat er Gewalt, mich zu behandeln, wie sein Haß ihm eingibt".[442]

Sie stellt sich als Opfer ihres Ehemannes dar, und Franz muss sie natürlich retten. „Gebt! Ihr sollt frei sein".[443] Die Freiheit macht

---

436   Ebd., S. 89.
437   Vgl. ebd., S. 102f.
438   Vgl. ebd., S. 89.
439   Ebd., S. 89.
440   Ebd., S. 89.
441   Ebd., S. 89.
442   Ebd., S. 103.
443   Ebd., S. 103.

Adelheid ihm besonders schmackhaft, da sie ihm wieder höchste körperliche Genüsse verspricht.[444] Durch seine sexuelle Obsession, die ihn Adelheid besitzen lassen will, ist er vollkommen in ihre Fänge geraten. Sie weiß, wie sie diese Netze immer enger ziehen kann.

Weislingen dagegen ersetzt durch die erotische Bindung an Adelheid seine moralische Bindung an Götz.[445] Allerdings kann er sich deshalb auch bis zum Schluss nicht von Götz und Maria lösen. Von Adelheid aber kann er auch nicht loskommen. „Ihr habt sein Herz geangelt, und wenn er sich losreißen will, verblutet er".[446] Adelheids Bediente trifft es genau. Mit Adelheids Zuckerbrot-und-Peitsche-Taktik im Gespräch mit Weislingen, bindet sie auch ihn fest an sich. Besonders, dass sie ihn abweisen lässt macht Weislingen zu schaffen und er verschiebt die Abreise von Bamberg.[447]

Adelheid bleibt unnahbar. Sie antwortet auf seine Fragen, die eine mögliche Heirat betreffen, ausweichend. Auf sein „[u]nd dann"[448] antwortet sie schlicht: „Ein Tag bringt den andern, und beim Schicksal steht das Zukünftige".[449] Weislingen will sich nicht abspeisen lassen und fragt weiter nach, bis Adelheid schließlich antwortet: „Nun ja. Geht".[450] Auch diese Antwort ist charakeristisch. Sie antwortet nicht eindeutig ablehnend, aber auch nicht eindeutig zustimmend. Sie ist nicht zu besitzen wie andere Frauen, wie Maria. „Einen Kuß hab ich Euch zum Gottespfennig erlaubt; Ihr scheint aber schon von dem Besitz nehmen zu wollen, was nur unter Bedingungen Euer ist".[451] Maria spricht gegenüber Weislingen wörtlich davon, in seinen Besitz überzugehen. Adelheid dagegen nicht. Sie fühlt sich nicht einmal durch ein eheliches Gelübde gebunden. Ihre Neigung zu Karl ist Weislingen ein Dorn im Auge. „Du hast einen großen Begriff von seinen Eigenschaften; fast sollte man denken, du sähest sie mit andern Augen".[452] Eifersucht, wie weiter oben bereits erwähnt, ist nichts als verletzter Besitzanspruch. Weislingen ist be-

---

444  Vgl. ebd., S. 103.
445  Vgl. Huyssen, Andreas: *Drama des Sturm und Drang.* S. 150.
446  Goethe, J. W.: *Götz von Berlichingen.* S. 44.
447  Vgl. ebd., S. 46.
448  Ebd., S. 51.
449  Ebd., S. 51.
450  Ebd., S. 51.
451  Ebd., S. 30.
452  Ebd., S. 87.

sonders eifersüchtig, da Karl ebenfalls Interesse an seiner Frau zeigt.[453] Auf seine Aufforderung, sie solle sich vom Hof entfernen, reagiert sie entschlossen ablehnend: „Nein, Weislingen, daraus wird nichts".[454] Dieser Satz lässt keinen Zweifel, dass sie seiner Bitte nicht Folge leisten wird. Ihre Entscheidung ist getroffen. Wird er sie zwingen wollen, wird sie ihn töten.[455]

Weislingen will seine Macht als Mann ausspielen und befiehlt, dass sie auf sein Schloss kommen soll.[456] Diesen ehelichen Befehl interpretiert Adelheid als persönliche Kampfansage: „Er, oder ich! Der Übermütige! Mir drohen".[457]

Weislingens Stand und seine soziale Position als Ehemann, also als Hausherr, lassen ihn schließlich gegen Adelheid aufbegehren. Er muss seinen Stolz schützen, der durch ihre Aufmerksamkeit für Karl gefährdet ist. Natürlich ist auch er dieser Frau verfallen, ist ihr hörig, schließlich verrät er Götz für sie. Aber er muss auch sein Ansehen als Mann wahren. Von einer sexuellen Obsession kann man bei Weislingen also nicht sprechen. Er ist Adelheid, jedenfalls zu Anfang, verfallen. Aber sein Standesbewusstsein fordert den Gehorsam seiner Gattin ein, da ihr Verhalten auf seine Ehre zurückfällt.

---

453   Vgl. ebd., S. 88.
454   Ebd., S. 88.
455   Vgl. ebd., S. 88.
456   Vgl. ebd. S. 97.
457   Ebd., S. 102.

## 10. Schlussbemerkung

Zusammenfassend lässt sich feststellen, dass die männlichen Figuren in den hier untersuchten Werken allesamt nur schwer die Kontrolle über ihre sexuellen Lüste behalten. Von der Vergewaltigung über die Verführung bis hin zum Mord aus Eifersucht reicht das Spektrum der sexuellen Obsessionen in jeweils unterschiedlichen Ausprägungen. Die Opfer dieser Lüste sind die Frauenfiguren. Schon im Alltagsleben dem Vater, später dem Gatten als unselbstständige und hilflose Geschöpfe untergeordnet, sind sie auch in ihrer Sexualität stark beschnitten. Die sexuelle Sinnlichkeit wird als Bedrohung, als Gefahr wahrgenommen und vernichtet so das Leben der Frau. Entweder, wie bei Emilia durch den selbst herbeigeführten Tod oder wie bei Evchen durch die hinterlistige Vergewaltigung. Ist sie eine Heilige, muss sie in den Tod gehen. Ist sie eine Hure, bleibt sie am Leben.

Erst Marie Wesener bricht diese Dichotomie auf. Sie ist weder Hure noch Heilige, sondern ein lebenslustiges Mädchen. Die von ihr als unbedrohlich empfundene eigene Sinnlichkeit und der Aufstiegswunsch lassen sie gesellschaftlich abstürzen.

Auch den Mord Woyzecks an seiner Marie löst das Begehren eines anderen Mannes aus. Marie ist mit Schmuck und der Aussicht auf ein etwas besseres Leben verführt worden. Woyzeck sieht seinen Besitzanspruch verletzt und wertet ihre Affäre als Sünde. Die Sünde muss bestraft werden. In diesem Sinne stellt Woyzeck seine Gefährtin auch wieder in das Hure/Heilige-Konzept. Ihre Jungfräulichkeit ist nicht mehr das Fundament für die Reinheit, sondern ihre Treue zu Woyzeck. Da sie diese Treue verletzt, ist sie in seiner Wertung eine Hure.

Die Rollen der Geschlechter sind klar definiert, und Abweichungen werden bestraft. Nur Adelheid von Walldorf sprengt die Geschlechterverhältnisse und spielt in der Rolle des Mannes.

Sie ist kein Objekt, sondern erweckt nur den Eindruck, sie wäre es. Bei Männerfiguren weckt sie Gelüste. Sie wollen Adelheid als Objekt besitzen und gehen ihr so in die Falle. Doch auch sie geht schließlich an ihren eigenen Ränkespielen zu Grunde. Zwar lebt sie ihre Sinnlichkeit aus, lässt sich nicht von Männern beherrschen, aber sie ist trotz allem kein Vorbild. Denn am Ende führt auch ihr Weg ins Verderben.

Wie gezeigt wurde, definierte sich die Identität einer Frau im 18. Jahrhundert durch ihre Beziehung zu einem Mann. Sie war Schwester, Gattin, Tochter. Sie war, was ein Mann aus ihr macht. Der Versuch sich zu befreien, verläuft bei Marie Wesener und Adelheid von Walldorf tragisch.

Auch heute noch wird das Gender einer Frau durch Negation im Vergleich zum männlichen Gender definiert. Es ist nicht verwunderlich, dass Frauen – die literarischen wie die realen – aufbegehren und nur durch sich selbst eine Identität finden wollen. Das allerdings ist auch heute noch schwieriger als es scheint. Denn die Jahrhunderte alten Geschlechterrollen und das daraus resultierende Geschlechterverhältnis sind nur schwer zu überwinden. Wie gezeigt wurde, konnte auch die Genderforschung die Ungleichheiten zwar aufdecken und nachweisen, aber nicht aus der Welt schaffen.

Es ist auch einige Überlegungen wert, die Genderforschung mit der Literaturwissenschaft zu kombinieren. Besonders Frauenbilder und das Militär wären es auch wert, einen intensiven Blick auf die Geschichte zu werfen. Gab es Übergriffe von Soldaten auf Bürgertöchter, wie sie in Lenz' „Die Soldaten" geschildert werden? Wurden Soldaten für Vergewaltigungen bestraft? Gab es standüberschreitende Hochzeiten auf Grund von Schwangerschaften? In diesem Zusammenhang wäre es auch interessant zu fragen, wie das Selbstverständnis der Geschlechterrolle der Offiziere des 18. Jahrhunderts war. Das könnte anhand von Tagebüchern oder auch Briefen geschehen. Dann bietet es sich auch an, die Entwicklung des Geschlechterrollenverständnisses des Soldaten von damals bis heute zu untersuchen. Es wäre überaus interessant, zu erfahren, ob sich die Geschlechterrolle des Soldaten im Laufe der Jahrhunderte überhaupt verändert hat.

Man sollte auch nachforschen, wie sich die Rechtsprechung im Laufe der Jahrhunderte in Bezug auf die Motive von Kindsmord gewandelt hat. Wie kritisch sind im Vergleich mit der Geschichte die Schicksale von Evchen und Marie?

Mit Medizinern und Psychologen sollte ebenfalls geklärt werden, was heute noch zu Kindstötungen führt und wie man aus den Erfahrungen der Vergangenheit eine bessere Zukunft schaffen könnte.

## 11. Literaturverzeichnis

**Primärliteratur:**

Büchner, Georg: *Woyzeck. Ein Fragment*. Reclam. Stuttgart. 1952.

Goethe, Johann Wolfgang: *Götz von Berlichingen mit der eisernen Hand. Ein Schauspiel*. Reclam. Stuttgart. 1993.

Goethe, Johann Wolfgang: *Faust. Der Tragödie erster Teil*. Goldmann Verlag. München. 1995.

Goethe, Johann Wolfgang: *Aus meinem Leben. Dichtung und Wahrheit*. Reclam. Stuttgart. 1991.

Kleist, Heinrich von: *Die Marquise von O...* . In: Kleist, Heinrich von: Sämtliche Erzählungen. Reclam. Stuttgart. 1984. S. 116-163.

Lenz, Jakob Michael Reinhold: *Die Soldaten. Eine Komödie*. Reclam. Stuttgart. 1993.

Lenz, Jakob Michael Reinhold: *Der Hofmeister*. Reclam. Stuttgart. 2001.

Lessing, Gotthold Ephraim: *Miß Sara Sampson. Ein Trauerspiel in fünf Aufzügen*. Reclam. Stuttgart. 1993.

Lessing, Gotthold Ephraim: *Emilia Galotti. Ein Trauerspiel in fünf Aufzügen*. Deutscher Taschenbuch Verlag. München. 1997.

Schiller, Friedrich: *Kabale und Liebe. Ein bürgerliches Trauerspiel*. Reclam. Stuttgart. 1993.

Wagner, Heinrich Leopold: *Die Kindermörderin. Ein Trauerspiel*. Reclam. Stuttgart. 1997.

**Sekundärliteratur:**

Alt, Peter-André: *Tragödie der Aufklärung: Eine Einführung*. UTB für Wissenschaft. Tübingen. 1994.

Arnold, Wilhelm; Hans Jürgen Eysenck, Richard Meili (Hrsg.): *Lexikon der Psychologie*. Dritter Band. Herder. Freiburg. 1980. S. 2597.

Beauvoir, Simone de: *Das andere Geschlecht. Sitte und Sexus der Frau*. Rowohlt Verlag. Hamburg. 4. Auflage. 2004.

Birkner, Siegfried: *Goethes Gretchen. Das Leben und Sterben der Kindsmörderin Susanna Margaretha Brandt. Nach den Prozeßakten dargestellt von Sigfried Birkner*. Insel Verlag. Frankfurt am Main. 1999.

Blänsdorf, Jürgen (Hrsg.): *Die Femme fatale im Drama: Heroinnen - Verführerinnen - Todesengel*. Franke. Tübingen. 1999.

Brown, Christiane: *Der widerwärtige Mißbrauch der Macht in Emilia Galotti*. In: Schade, Richard (Hrsg.): *Lessing Yearbook*. Band 17. 1985. S. 21-43.

Connell, Robert W.: *Gender and Power. Society, the Person and Sexual Politics*. Stanford University Press. Stanford/Ca. 1987.

Connell, Robert W.: *Der gemachte Mann. Konstruktion und Krise von Männlichkeiten*. Leske + Budrich. Opladen. 1999.

Daemmrich, Horst: *Themen und Motive der Literatur. Ein Handbuch*. Franke. Tübingen. 1987. S. 136-138.

*Der große Brockhaus*. Band 13. Brockhaus Verlag. Wiesbaden. 1971. S. 647.

Dülmen, Richard van: *Kultur und Alltag in der Frühen Neuzeit. Band 1: Das Haus und seine Menschen. 16. - 18. Jahrhundert*. Beck. München. 1999.

Dülmen, Richard van: *Kultur und Alltag in der Frühen Neuzeit. Band 2: Dorf und Stadt. 16. - 18. Jahrhundert*. Beck. München. 1999.

Erhart, Walter: *Familienmänner. Über den literarischen Ursprung moderner Männlichkeit*. Fink. München. 2001.

Fick, Monika: *Lessing-Handbuch. Leben - Werk - Wirkung*. Metzler. Stuttgart, Weimar. 2000.

Freud, Sigmund: *Vorlesungen zur Einführung in die Psychoanalyse*. 2. Auflage. Internationaler Psychoanalytischer Verlag. Wien. 1922.

Friess, Ursula: *Buhlerin und Zauberin. Eine Untersuchung zur deutschen Literatur des 18. Jahrhunderts*. Fink. München. 1970.

Füllner, Karin: *Wahnsinn als Anklage. Sozialkritik in Georg Büchners „Woyzeck" und Richard Huelsenbecks „Azteken oder die Knallbude. Eine militärische Novelle"*. In: *Georg Büchner Jahrbuch*. 5/1985. Europäische Verlagsgesellschaft. Frankfurt/Main. 1986. S. 321-327.

Geißler, Rainer: *Die Sozialstruktur Deutschlands. Zur gesellschaftlichen Entwicklung mit einer Zwischenbilanz zur Vereinigung*. Westdeutscher Verlag. Opladen. 1996.

Gildemeister, Regine: *Soziale Konstruktion von Geschlecht: Fallen, Missverständnisse und Erträge einer Debatte*. In: Rademacher, Claudia u.a. (Hrsg.): *Geschlecht – Ethnizität – Klasse: zur sozialen Konstruktion von Hierarchie und Differenz*. Leske + Budrich. Opladen. S. 65-87. 2001.

Glotz, Peter und Wolfgang Laubenbucher: *Versäumte Lektionen. Entwurf eines Lesebuches*. Fischer. Frankfurt/Main. 1965. S. 52-55.

Glück, Alfons: *Herrschende Ideen. Die Rolle der Ideologie, Indoktrination und Desorientierung in Georg Büchners „Woyzeck"*. In: *Georg Büchner Jahrbuch*. 5/1985. Europäische Verlagsgesellschaft. Frankfurt/Main. 1986. S. 52-139.

Grimm, Jakob und Wilhelm: *Deutsches Wörterbuch*. Hirnzel. Leipzig. Band 2. 1860. S. 498ff. Band 15. 1956. S. 388ff.

Habermas, Jürgen: *Strukturwandel der Öffentlichkeit. Untersuchungen zu einer Kategorie der bürgerlichen Gesellschaft*. Suhrkamp. Frankfurt/Main. 1990.

Hallensleben, Silvia: „*Dies Geschöpf taugt nur zur Hure...*". Anmerkungen zum Frauenbild in Lenz' „*Soldaten*". In: Stephan, Inge und Winter, Hans-Gerd (Hrsg.): „*Unaufhörlich Lenz gelesen ...*". *Studien zu Leben und Werk von J. M. R. Lenz*. Metzler. Stuttgart, Weimar. 1994. S. 225-243.

Haupt, Jürgen: „*Die Kindermörderin*". *Ein bürgerliches Trauerspiel vom 18. Jahrhundert bis zur Gegenwart*. In: *Orbis Literarum. International Review of Literary Studies*. Vol. 32. 1977. S. 285-301.

Hilmes, Carola: *Die Femme fatale: ein Weiblichkeitstypus in der nachromantischen Literatur*. Metzler. Stuttgart. 1990.

Hohendahl, Peter: *Die Krise der Männlichkeit im späten 18. Jahrhundert. Eine Problemskizze*. In: *Zeitschrift für Germanistik*. 2002. S. 275-286.

Huyssen, Andreas: *Drama des Sturm und Drang. Kommentar zu einer Epoche*. Winckler Verlag. München. 1980.

*Justiz in alter Zeit*. Herausgegeben vom Mittelalterlichen Kriminalmuseum Rothenburg ob der Tauber. 1989.

Koepcke, Cordula: *Frauen im Wehrdienst. Erinnerungen von Ingeborg Hecht, Ruth Henry, Christa Meves und ein aktueller Diskussionsbeitrag von Cordula Koepcke*. Herderbücherei. Freiburg. 1982.

Köpke, Wulf: *Die emanzipierte Frau in der Goethezeit und ihre Darstellung in der Literatur*. In: Paulsen, Wolfgang: *Die Frau als Heldin und Autorin. Neue kritische Ansätze zur deutschen Literatur*. Franke. Bern. 1979. S. 96-110.

Lorber, Judith: *Gender-Paradoxien*. Leske + Budrich. Opladen. 1999. S. 55-83.

*Meyers Enzyklopädisches Lexikon*. Band 17. Lexikonverlag. Mannheim, Wien, Zürich. 1976. S. 544.

Neuhaus, Volker: *Johann Wolfgang Goethe: Götz von Berlichingen*. In: Hinck, Walter (Hrsg.): *Geschichte als Schauspiel. Deutsche Geschichtsdramen. Interpretationen*. Frankfurt/Main. 1981. S. 82-100.

Neumeyer, Harald: *Psychenproduktion. Zur Kindsmorddebatte in Gesetzgebung, Wissenschaft und Literatur um 1800*. In: Borgards, Roland (Hrsg.): *Diskrete Gebote. Geschichten der Macht um 1800. Festschrift für Heinrich Bosse*. Königshausen + Lehmann. Würzburg. 2002. S. 47-76.

Nola, Alfonso di: *Der Teufel. Wesen, Wirkung, Geschichte.* Deutscher Taschenbuch Verlag. München. 1997.

Pautler, Stefan: *Jakob Michael Reinhold Lenz: pietistische Weltdeutung und bürgerliche Sozialreform im Sturm und Drang.* Kaiser. Gütersloh. 1999.

Saße, Günther: *Die Ordnung der Gefühle: das Drama der Liebesheirat im 18. Jahrhundert.* Wissenschaftliche Buchgesellschaft. Darmstadt. 1996.

Schuscheng, Dorothe: *Arbeit am Mythos Frau. Weiblichkeit und Autonomie in der literarischen Mythenrezeption Ingeborg Bachmanns, Christa Wolfs und Gertrud Leuteneggers.* Europäische Hochschulschriften. Lang. Frankfurt/Main. 1987.

Sorensen, Bengt Algot: *Herrschaft und Zärtlichkeit. Der Patriarchalismus und das Drama im 18. Jahrhundert.* Beck. München. 1984.

Staiger, Emil: *Stilwandel. Studien zur Vorgeschichte der Goethezeit.* Atlantisverlag. Zürich. 1963.

Stephan, Inge: *„Ein vorübergehendes Meteor"? J. M. R. Lenz und seine Rezeption in Deutschland.* Metzler. Stuttgart. 1984.

Ueding, Cornelie: *Denken. Sprechen. Handeln. Aufklärung und Aufklärungskritik im Werk Georg Büchners.* Lang. Frankfurt/Main. 1976.

Wägenbaur, Birgit: *Die Pathologie der Liebe: literarische Weiblichkeitsentwürfe um 1800.* Erich Schmidt Verlag. Berlin. 1996.

Weber, Heinz-Dieter: *Kindsmord als tragische Handlung.* In: Ulshöfer, Robert (Hrsg.): *Der Deutschunterricht.* Jahrgang 28. Heft 2. Klett. Stuttgart. 1976. S. 75-97.

Werner, Johannes: *Literarische als gesellschaftliche Form. Heinrich Leopold Wagner „Die Kindermörderin. Ein Trauerspiel". Eine Interpretation.* Dissertation. Freiburg. 1976.

Wilson, W. Daniel: *Zwischen Kritik und Affirmation. Militärphantasien und Geschlechterdisziplinierung bei J. M. R. Lenz.* In: Stephan, Inge u. Winter, Hans-Gerd (Hrsg.): *„Unaufhörlich Lenz gelesen ...". Studien zu Leben und Werk von J. M. R. Lenz.* Metzler. Stuttgart, Weimar. 1994. S. 52-86.

www.ingramcontent.com/pod-product-compliance
Lightning Source LLC
Chambersburg PA
CBHW031222230426
43667CB00009BA/1444